个性化营销

考虑产品特征的个性化推荐及应用

张明月　著

图书在版编目（CIP）数据

个性化营销：考虑产品特征的个性化推荐及应用/张明月著．-- 北京：企业管理出版社，2020.10

ISBN 978－7－5164－1760－7

Ⅰ.①个… Ⅱ.①张… Ⅲ.①电子商务－网络营销 Ⅳ.①F713.365.2

中国版本图书馆 CIP 数据核字（2020）第 173355 号

书　　名：个性化营销：考虑产品特征的个性化推荐及应用
作　　者：张明月
责任编辑：郑　亮　　黄　爽
书　　号：ISBN 978－7－5164－1760－7
出版发行：企业管理出版社
地　　址：北京市海淀区紫竹院南路 17 号　　邮编：100048
网　　址：http：//www.emph.cn
电　　话：编辑部(010) 68701638　　发行部(010) 68701816
电子信箱：qyglcbs@emph.cn
印　　刷：北京虎彩文化传播有限公司
经　　销：新华书店
规　　格：145 毫米×210 毫米　　32 开本　　5.75 印张　　140 千字
版　　次：2020 年 10 月第 1 版　　2020 年 10 月第 1 次印刷
定　　价：68.00 元

前　言

随着电子商务的渗透和用户对个性化服务需求的激增，如何利用平台上的海量行为数据，设计合适的算法以进行个性化产品推荐，成为企业在电商营销中重点关注的问题。同时，深入了解已有推荐机制对消费者产生的行为影响，也能够有效地帮助商家和平台及时调整推荐策略。

产品推荐系统是一种典型的个性化服务，将平台沉淀的碎片化信息进行再分类，过滤再组织定向输出，这里的信息既包括用户的信息、产品的信息，也包括用户和产品之间交互的动态信息。为了提高用户在产品上的停留时间，从而提高产品的点击率，个性化推荐技术通过对用户行为数据进行分析，描绘清晰的产品定位和用户画像，结合产品进行个性化内容推荐。与此同时，个性化服务的存在也潜移默化地影响着消费者的行为，比如改变消费者的浏览路径，影响消费者对某些商品的支付意愿等。

本书围绕个性化推荐分别从技术视角和行为视角出发，针对同质产品和非同质产品，对产品推荐的相关方法和行为影响进行介绍，较为完整地从多个角度丰富了对推荐系统的认识。这些内容大多为本书作者近年来的研究成果。作为一类应用场景较强的方法，个性化推荐研究还包含数据挖掘方法、用户实验设计方法、文本处理方法等不同领域的技术，本书也对这些技术方法从不同侧面进行了介绍。希望本书能让更多读者了解个性化推荐的不同技术方法和行为影响机制，并能为大数据背景下个性化服务的研究做出贡献。

本书承蒙国家自然科学基金（71802024）资助，在此对研究基金的大力资助深表感谢。同时要感谢我的父母，感谢他们对我研究工作的支持，使本书得以顺利出版。最后，由衷地感谢企业管理出版社在本书编辑和出版过程中所做的各项工作。

由于作者水平有限，本书难免存在不足之处，恳请广大读者批评指正。

张明月

2020 年 3 月

目　录

第一章　引言

1.1　电子商务与海量数据

近些年来，随着互联网渗透率尤其是移动互联的快速提升，电子商务在经历了十几年的发展后更加成熟，它的普及大大降低了用户对商品的搜索成本，逐渐成为互联网用户的一种主要的购物习惯。目前我国的电子商务已具有较大规模，增速保持平稳增长状态。根据商务部发布的《中国电子商务报告（2017）》[1]显示，2017 年全国电子商务交易额达 29.16 万亿元，同比增长 11.7%。其中，商品类电子商务交易额 16.87 万亿元，同比增长 21%，比上年提高 8.7 个百分点；服务类电子商务交易额 4.96 万亿元，同比增长 35.1%，比上年提高 13.2 个百分点。中国网上零售交易额近年来以 40% 以上的速度快速增长，2017 年全年网上零售额达到 7.18 万亿元，同比增长 39.1%（见图 1.1）。其中，实物商品网上零售额 5.48 万亿元，增长 28%，占社会消费品零售总额的比重为 15%。2018 年上半年，全国网上零售额为 4.08 万亿元，同比增长 30.1%。

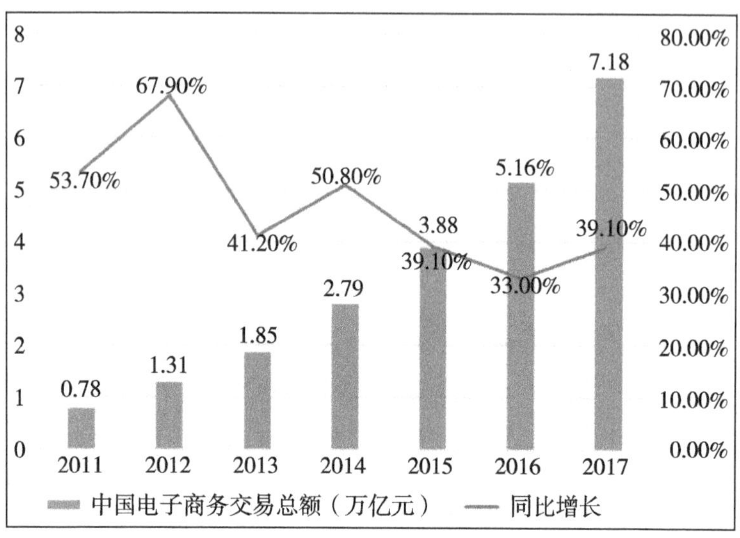

图 1.1　2011—2017 中国网上零售交易规模

在这一背景下，电商持续走向平台化，大批企业都将销售的重心从线下转移到线上，开设网店或利用成熟的 B2C 平台进行销售。统计数据显示，2015 年的 B2C 网购规模首次超过 C2C。平台化可以充分利用社会资源来弥补商家自身的不足，并且最大效率地实现网站积聚的流量的价值。据艾瑞咨询报告显示，2017 年"双十一购物节"，淘宝天猫平台实现了 11 分钟突破亿元的交易额，3 分钟成交额超过 100 亿元，并在"双十一"当天创下了总销售额 1682 亿元的最高纪录，如图 1.2 所示。

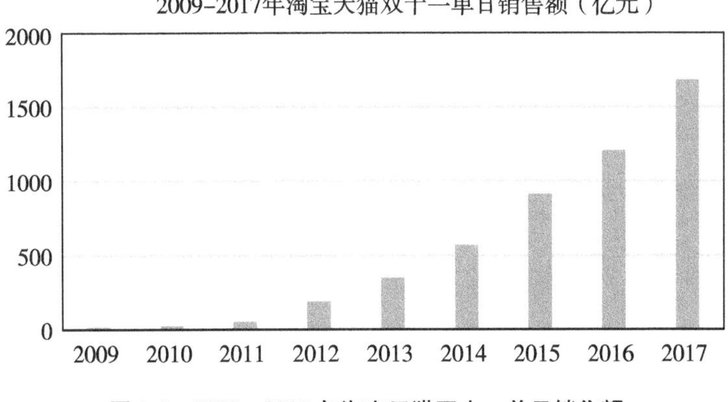

图 1.2　2009 - 2017 年淘宝天猫双十一单日销售额

通过在线购物平台，消费者可以足不出户便完成产品的浏览、选择、支付、收货及售后服务等全部操作。电子商务以其便利性吸引了越来越多的用户，截至 2017 年，全国网购用户规模达到 5.33 亿，同比增长 14.3%。用户在电子商务平台上的活动包括了浏览、搜索、点击和购买等行为，同时也会作为内容产生者在购物后提供产品评论等信息内容。由此可见，用户的全部行为轨迹都被记录下来，而这些行为轨迹往往是用户偏好、行为特征的一种表现。

艾瑞咨询 2016 年中国网络购物行业监测报告[2]显示，电商平台上的网购品类向全覆盖消费需求发展，单个用户网购品类显著增多；网购用户逐渐趋于细分，90 后、老年人成为消费新动力；用户更加注重商品品质，选择符合自身特征的商品。因此，未来电子商务企业应提供更精准的服务，来满足不同消费群体的需求。用户的点击流数据是用户偏好与需求的直观反映，这为企业营销决策提供了丰富的大数据资源。大量企业在自身发展过程中也开始意识到数据资源对于企业的营销、运营管理决策的重要意义，因而希望借助大数据的理论、方法来指导企业的管理实践，提供决策支持。在互联的信息网络环境下，企业所面对的顾客群体不再是整体，而是每一个可以在网络中独立表达、具有个性化需求的个体，这对企业洞察顾客行为模式、开展精准营销提出了新的挑战，而电商平台上丰富的用户行为数据也使得个性化服务成为可能。

1.2 个性化与推荐系统

在互联网时代，低效率的大众营销将会被高效率的精准营销所取代。电商可以详细地追踪每一个顾客的信息来源，包括其在网上的购物路径，搜索、购买行为，购买商品的关联性、重复性和周期性等。通过对这些数据进行分析，可以建造顾客行为模型，为顾客进行精准化推荐和个性化服务。用户在信息网络中的深度参与、个性化需求的增长，对电商的营销方法也提出了新的要求和挑战[3,4]。例如，如何根据用户的偏好来制定个性化的搜索结果，如何根据用户的浏览、点击及购买记录实现个性化推荐，都成为企业在电子商务营销中关注的问题。

近些年来，消费者对于企业推荐商品的营销行为的认可度不断提高。根据中国互联网络信息中心（CNNIC）发布的2015年《中国网络购物市场研究报告》[5]可知，2015年有83.5%的消费者感知到并明确表示电商平台根据自己的浏览痕迹和购买记录推荐商品，这一比例相比2014年提升了25.9个百分点。同时，2015年表示可以接受企业这种根据浏览历史推荐商品的营销行为，并且认为其有助于提升自身购物效率的消费者比例也由34.9%提升到40.1%，相较于上年增加了5.2个百分点。

相关企业实践也证明了个性化推荐服务的可行性以及带来营收增长的可能：亚马逊的推荐系统贡献了35%的产品成交量，

并且全站有6成的成交是直接或间接通过推荐系统产生的[6]。此外，作为全球最大的网络电视和电影等媒体租赁公司，Netflix也宣称其网站上75%的用户观看内容是由推荐系统推送完成的[7]。2011年的百度世界大会上，百度将推荐引擎与云计算、搜索引擎并列为未来互联网重要战略规划以及发展方向。与此同时，许多电商平台也相继设立与推荐系统相关的竞赛，开放消费者行为数据，利用类似众筹的方式分析用户行为模式，提升自身推荐算法的精度。例如，2006年Netflix公司举办了奖金高达100万美金的推荐算法竞赛，以优化内容推荐的准确性和相关性，它们公开了其平台上用户对电影的评分数据，最终将其推荐系统的准确率提升了10%。从2014年起，阿里巴巴开始举办年度大数据竞赛，以天猫的品牌推荐为场景，在阿里巴巴大数据科研平台——“天池”上开展，基于海量真实用户访问数据设计有效的推荐算法，并于“双十一购物节”时上线运行，将用户跟商品匹配的路径缩短，提高了转化率。

工业界的实践正在驱动学术界对于相关研究问题的关注。目前推荐系统的相关研究主要有两个视角：一是技术视角，包括对消费者信息的获取和建模，设计准确、高效率的个性化推荐算法，从不同的方面如准确率、多样性、鲁棒性等对推荐效果进行评价。其中，对于同质性产品集合来说，推荐结果的准确性是最为重要的一个方面，因此如何设计算法以提高推荐结果的准确性，如何把推荐结果展示给用户都成为研究者关注的焦点。二是行为视角，主要聚焦于推荐系统的应用和社会影响研究。通常需要借助消费者行为相关理论，研究推荐系统的存在对消费者和产品带来的影响以指导营销实践。

1. 产品推荐的算法研究

如何提高推荐算法的精度，帮助用户更快地找到想要的产品，是各个商家首要考虑的问题。购物网站目前的基于数据的推荐算法主要有以下几种：一是根据用户搜索、浏览物品自身的相似度匹配（即，基于内容的推荐）。这种推荐方法的原理是用户喜欢和自己关注过的产品在内容上类似的其他产品，比如某个消费者购买过《商务智能》这本书，则基于内容的推荐算法就可能发现《数据挖掘》这样类似的书。下图 1.3 给出了京东网站上用户在浏览《商务智能》这本书时系统给出的推荐结果。这种方法可以避免新产品带来的冷启动问题，没有流行度偏见，并且对推荐结果有一定的解释性。但弊端在于缺少多样性，推荐的产品可能会重复。此外对于多媒体类型的产品，如音乐、图片等，由于其内容特征难以提取，造成推荐效果不好。

人气单品　七日畅销榜

数据挖掘 概念与技术（原书第3版）
¥79.00

机器学习【首届京东文学奖-年度新锐入围作
¥77.00

深度学习
¥134.00

图 1.3　京东网站上浏览《商务智能》的推荐结果

二是通过收集用户的购买、浏览、收藏商品的行为数据对用户进行聚类，推荐同一类用户购买的商品，或者通过寻找购买某一商品的人群之间的相似度进行推荐（即，协同过滤）。协同过滤是应用最为广泛的一类推荐方法，它不依赖于产品的任何附加信息如描述、元数据等，也不依赖于用户的任何附加信息如偏好、人口统计学信息等。但一个主要的局限在于无法处理新用户和新商品的“冷启动”问题，即当新用户没有或仅有较少的行为记录时，或者新产品还没有被平台上的用户所浏览或购买时，协同过滤方法无法对其进行推荐。此外，协同过滤在长尾现象明显的电商平台上推荐效果不好，即所谓的流行度偏见，倾向于推荐热门商品。

三是同时使用用户的行为数据以及用户和产品的内容特性，综合利用基于内容的推荐算法和协同过滤算法各自的优点（即，混合推荐算法）。常用的混合手段包括加权（weighted）、交换（switching）、特征组合（feature combination）和级联（cascade）等。这种方式能够克服上述的冷启动、流行度偏见和缺乏多样性等弊端，但计算复杂度相对较高。

其他主流的推荐算法还包括基于商品热度的非个性化推荐，基于两种或两种以上商品被同时购买的强关联概率推荐、构建领域本体从而基于知识或规则进行推荐等。此外，另一些相关算法虽然没有直接优化推荐结果，但也是提升推荐效果的重要手段，例如对产品关系的挖掘[8]、用户偏好的建模[9-11]、新测度的设计和验证方法[12]、使用集成学习的手段整合多种协同过滤算法的预测值[13]、设计算法选择策略以应对不同场景和具体数据特点[14]等。

2. 产品推荐的行为影响

作为一种服务型工具，推荐系统在帮助消费者快速高效地找到满意商品的同时，也在潜移默化中影响着用户的各种行为和偏好。一方面，消费者对推荐系统的使用态度和所推荐的产品的购买意向可能会受到推荐展示的形式、时机等的影响[15]。例如，研究表明[12,16]增加对推荐结果的解释机制可以让用户更容易理解推荐系统的推理脉络，提高用户对系统的接受程度和信任度。此外，推荐系统的效果也会受到消费者所处的决策阶段、购物目标等情境因素的影响，例如 Ho 等人[17] 发现随着用户购物过程的推进，用户的购物目标逐步明确，因此在相应的时间节点上的推荐对用户的影响在降低。另一方面，推荐系统的存在也会增加某些特定商品的曝光度，影响消费者的购买决策，以及通过改变单个消费者的行为而最终对整个平台上的产品销量和销售多样性产生影响。

作为电子商务中的一种决策支持系统，产品推荐系统并非独立存在的个体，而是不断与消费者产生交互并互相影响。从电商平台的营销决策来看，决策者一方面希望利用平台上产生的数据记录深入挖掘消费者行为模式，能够更加准确地预测其偏好并进行适当的个性化产品推送，从而提高产品销量；另一方面也希望了解已有推荐机制对用户行为产生的影响，从而做出调整并设计出更加有效的推荐策略。图 1.4 展示了消费者的购物过程以及与推荐系统的数据交换内容。

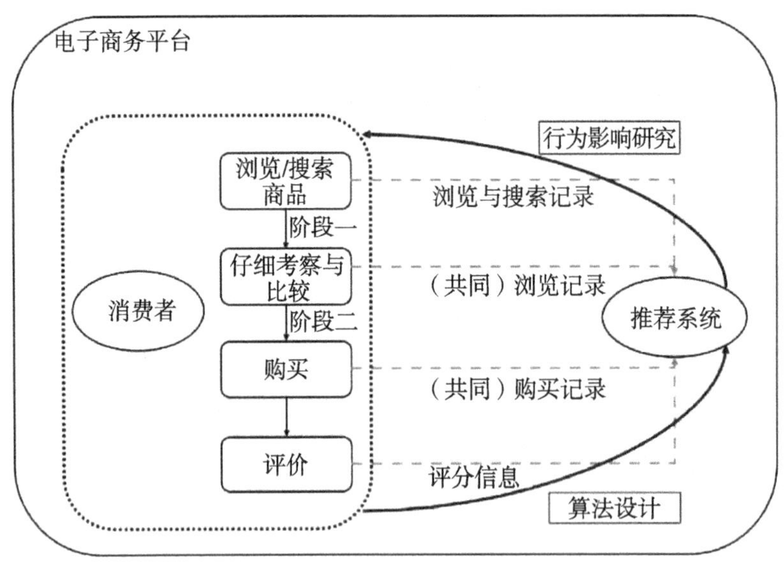

图 1.4　消费者与推荐系统的交互过程

根据二阶段决策相关理论，消费者首先通过系统的搜索引擎或推荐系统来浏览大量相似产品并选出一小部分商品放入候选集合（例如收藏夹或比较引擎），其次在后续阶段对候选集中的商品进一步仔细考察并比较，最终选出满意的商品完成购买行为，有些消费者还会在收到商品并使用后对该商品做出评价。在这一过程中，记录消费者行为的各种数据（如点击流、搜索、购买、评分等）都将输入被推荐系统来挖掘客户的偏好和需求。反之，推荐系统在这一交互过程中扮演两个角色，即决策支持和行为影响。从技术视角来看，如何利用多种显式和隐式交互信息设计出高效准确的推荐算法成为推荐系统的核心部分，这部分工作主要围绕同质性产品展开。从行为视角来看，对于非同质的产品集合，不同类型的产品推荐的存在会对消费者行为产生怎样的影响，也是不容忽视的关键问题。这两个问题相辅相成，实施不同的推荐算法会对消费者的行为产生影响，而深入理解这一影响机制也有助于调整推荐策略，设计出更好的推荐算法。因此本书将以消费者与推荐系统的交互过程为基础，从算法设计和行为影响这两个方面入手，使用数据挖掘和用户实验等方法，结合消费者行为相关理论，回答以下几个核心问题。

（1）从技术视角出发，推荐系统对用户偏好的预测存在不确定性，如何衡量这一不确定性？需要考虑哪些因素？进一步地，如何通过对预测不确定性的量化来进一步提高同质性产品的推荐和排序结果的准确率？

（2）从行为视角出发，当用户浏览某个产品时，向他推荐互补性或替代性的其他产品对其行为是否有不同的影响？这一影响作用与所推荐产品的价格水平相关吗？与用户所处的决策阶段相关吗？

(3) 若行为分析发现互补性推荐与替代性推荐的效果有显著性差异，则如何设计算法来挖掘产品之间的互补替代关系？从哪些信息中可以得到产品关系以及它们相关的原因？

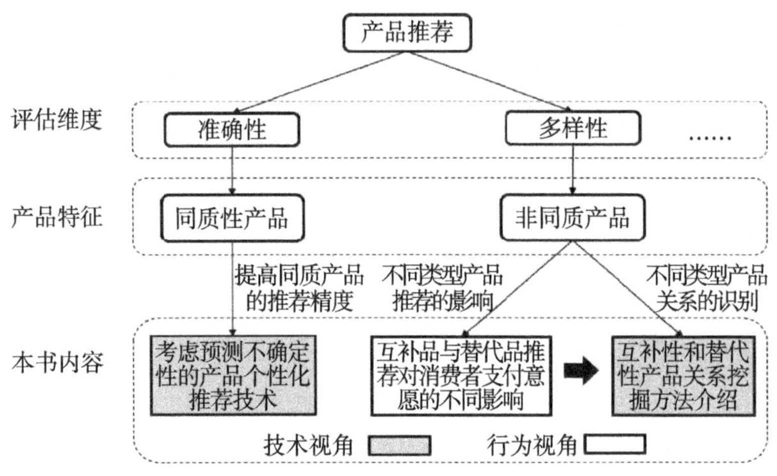

图 1.5　本书的内容结构

基于上述三个问题，本书的内容框架如图 1.5 所示。衡量推荐结果的质量通常有多个维度，其中准确性和多样性是学者讨论最多也是用户最为关注的两个方面。具体而言，“准确性”是指推荐结果能否真实地反映消费者的偏好，“多样性”是指推荐结果集合中是否包含了不同类型的产品。再者，考虑产品两两之间的关系，可将产品集合划分为同质性产品集合和非同质产品集合两大类。在准确性维度上，相关研究主要围绕如何提高同质性产品（如电影、书）的推荐精度展开；在多样性维度上，针对非同质的产品推荐集合，探究其行为影响和对产品关系的识别是主要的两个关注方面。因此，本书首先从改进现有推荐算法准确性的角度出发，基于同质性产品特征，介绍了一种考虑预测不确定性的产品个性化推荐新方法。其次，基于推荐系统评估的多样性维度，本书从行为影响研究的视角，以用户实验的方式讨论了互补品推荐与替代品推荐对消费者支付意愿带来的不同影响。最后介绍了基于在线评论的互补性和替代性产品关系挖掘的方法。

基于上文阐述的关键内容，围绕推荐系统中同质性产品和非同质产品的特征，本书逐步深入地展开各章节内容，具体内容安排如下。

第二章介绍了推荐系统的发展趋势和前沿动态，将重要的研究工作做系统的介绍和梳理。主要包括以下几个方面：推荐系统整体概述，从聚合层次和个体层次对推荐算法中的预测不确定性问题的相关研究，互补性推荐与替代性推荐的相关研究，产品关系挖掘的相关方法，以及推荐系统对消费者和产品带来的行为影响等。

第三章从信息系统研究的技术视角着眼，针对推荐算法的准确性问题，介绍了一种考虑预测不确定性的同质产品个性化推荐方法。提出了两个描述预测不确定性的关键因素：概率分布信息和预测值的置信程度信息，并通过两阶段对不确定性建模的方法，将预测值和不确定性融合在一起，提出了一个新的排序方法，在协同过滤的基础上进一步提高 Top－N 推荐和排序准确率。随后，本章将所提出的排序方法应用于同质性产品（即，电影）推荐的场景中，并验证了在不同的参数设定和评估测度下该方法都具有较好的表现。最后，本章还讨论了该方法在稀疏数据上的表现和可扩展性。

第四章从信息系统研究的行为视角着眼，针对非同质的产品推荐结果，介绍了两种类型的推荐（互补品和替代品）对消费者对主要考察商品的支付意愿的不同影响。首先通过对相关文献中的理论分析，提出了六个假设。随后，本章设计了全因子用户实验来验证所提出的假设，并对结果进行了方差分析、正交对比分析和线性回归分析等。本章在最后还对实验结果进行了非参数检验和鲁棒性分析。

第五章的研究内容建立在第四章的研究结论上，以对消费者行为分析的结果来指导相关算法的设计思路，介绍了基于在线评论的互补性和替代性产品关系挖掘的方法，包括基本模型和多输入模型两个预测框架。在基本模型中，使用话题模型将高维的评论文本内容转化成低维的话题向量，并设计关系特征集合来刻画两个产品向量之间的相似性和差异性，随后使用三层神经网络对产品关系进行预测。在多输入模型中，充分利用了评论中的非文本因素，包括评论数量之差、平均得分之差、评分方差之差、发布者重合度以及评论发布时间重合度，显著地提高了关系挖掘的准确率。最后，本章还讨论了所提预测方法在稀疏数据下的表现，以及每个非文本因素在不同数据集和预测任务下的效果提升程度。

第六章对全书进行总结，并讨论个性化推荐技术的应用和未来发展趋势。

1.3　技术与行为视角下推荐系统研究的价值

从理论研究角度看，产品推荐的算法设计和行为影响是相辅相成的两类问题，分别从这两个视角入手，有助于对推荐系统有更全面的认识。已有的算法设计相关研究多致力于对算法本身的改进，也就是从聚合层面降低预测的不确定性，缺乏从个体层面对每个预测值的不确定性的研究。而行为影响相关研究多将推荐系统视为一个整体和黑箱，缺乏对不同类型的产品推荐的讨论，以及对消费者决策过程的详细分析。因此本书所介绍的内容对推进电子商务的发展有着以下的理论意义。

- 本书提出的考虑预测不确定性的同质产品个性化推荐方法，不仅是对传统推荐算法的一种扩展，更是从新的视角出发，作为一种后排序策略（Post - ranking），对任何一种协同过滤的预测结果进行修正。该方法对协同过滤从个体层面进行不确定性建模，并进一步提高其 Top - N 推荐和列表排序的准确率。该方法是对目前推荐算法设计相关研究的重要补充和丰富。
- 本书中对不同类型的推荐对消费者行为影响的探究，丰富了消费者行为和推荐系统的相关理论，加强了对互补性推荐和替代性推荐在用户决策过程中所起作用的理解，也对后续的推荐算法的改进方向提供了理论依据。
- 对产品关系的挖掘是设计好的推荐策略的重要前提条件，本书中所提出的基于在线评论的产品关系挖掘方法，是对目前已有的结合在线评论和推荐系统两种决策支持服务的研究的有益补充，也对后续设计多样性推荐方法提供了思路。
- 以信息系统研究范式中的技术视角与行为视角分别展开研究，将促进学者们更加综合地利用多种分析方法、多领域背景知识来分析和解决问题，两个视角相辅相成，互相促进，有助于学者们对所关注话题有更加全面的理解。

从实践的管理意义角度来看，产品推荐的算法设计和行为影响研究对电商环境中的应用有重要的实践指导作用，包括：

- 更加准确的个性化排序和推荐算法能够一方面有效地帮助消费者快速找到最喜欢的商品，缩短搜索时间，降低搜索成本，另一方面也可以提高消费者对推荐系统的信任和采纳程度，以及对整个购物平台的忠诚度，扩充潜在的用户群体。因此，有效的算法设计对消费者和平台两个参与对象都有积极意义。

- 对于商家和平台来说，深入了解消费者在一次购物的整个生命周期中与推荐系统的交互过程、行为反馈，能够有助于其深入分析消费者行为，有针对性地个性化营销，并及时调整推荐策略。
- 对产品关系挖掘的研究可以帮助电商平台对海量商品按照消费者的购买行为和评价内容自动归类。同时，可以根据消费者所处的不同购物阶段而对所推荐产品进行重新排列组合，以最大程度地促进交叉销售，提高客户满意度。

整体上来看，对产品推荐相关算法和行为影响的研究迎合了电子商务大背景下海量数据泛滥和消费者追求个性化服务的大趋势，一方面可以从理论上扩展对个性化推荐和排序算法改进的新视角，并加强对推荐系统影响消费者行为的机理的理解，以行为分析的结论推动算法设计的思路，综合信息系统研究的两个视角来全面地理解问题。另一方面，也可以对具体的商业实践进行管理指导，通过对推荐效果的提升来增强用户满意度，而研究产品推荐的行为影响，也有助于商家和平台更好地把握推荐系统的利与弊，动态地调整策略。

第二章　个性化推荐的发展趋势和前沿动态

本书以推荐系统为核心对象，探讨电子商务环境下消费者与推荐系统交互过程中存在的研究问题。围绕支持消费者购物决策的目标，推荐系统充分整合多源数据，不断改进算法设计，并提出多种测度来评估推荐结果的质量，因此本章首先介绍了推荐系统的发展脉络，包括对数据、算法和测度的相关研究。之后，关于同质性产品下的已有推荐技术，介绍了主流的推荐算法，并主要围绕推荐算法的不确定性问题而展开讨论，具体包括聚合层次和个体层次的预测不确定性。同时，随着商业界对用户体验的重视，学者们开始从多个测度来衡量推荐系统的质量，多样性成为除准确性之外的另一个重要指标，推荐结果中越来越多地包含了非同质产品。营销实践表明，互补性产品和替代性产品是典型的两种推荐策略，因此我们还介绍了互补性推荐与替代性推荐的相关研究以及产品关系挖掘的方法。此外，我们还在应用层面对推荐系统给消费者或产品带来的不同影响进行了介绍。围绕推荐系统，上述几个方面的研究如图 2. 1 所示 。

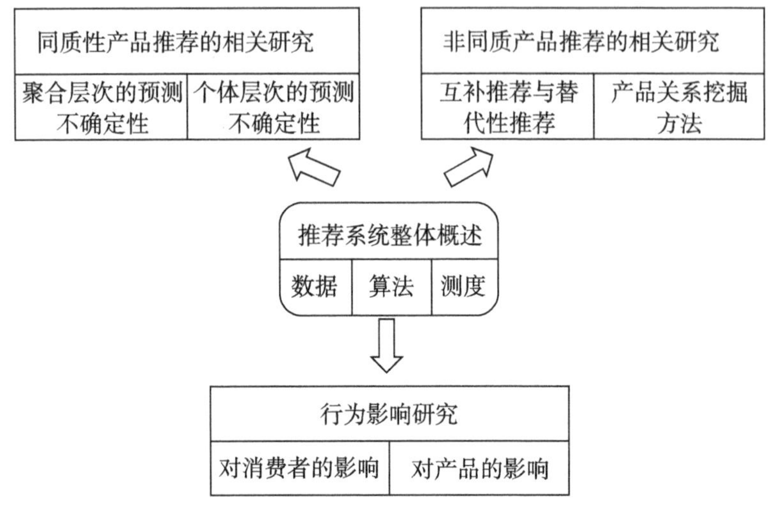

图 2.1　本章内容结构

2.1　推荐系统整体概述

推荐系统这一概念最早可以追溯到 1994 年明尼苏达大学计算机科学系的 GroupLens 实验室，Resnick 等人首次提出[18]将协同过滤技术用于电影推荐系统，并随后展开了讨论和扩展[19,20]。协同过滤的基本原理是利用相似用户的偏好来预测目标用户对商品的个性化评分，并将评分高的商品推荐给目标用户，从而帮助其做出更优的决策。此后，推荐系统吸引了来自学术界和商业界的广泛关注，图 2.2 展示了该领域发生的主要事件的时间轴。

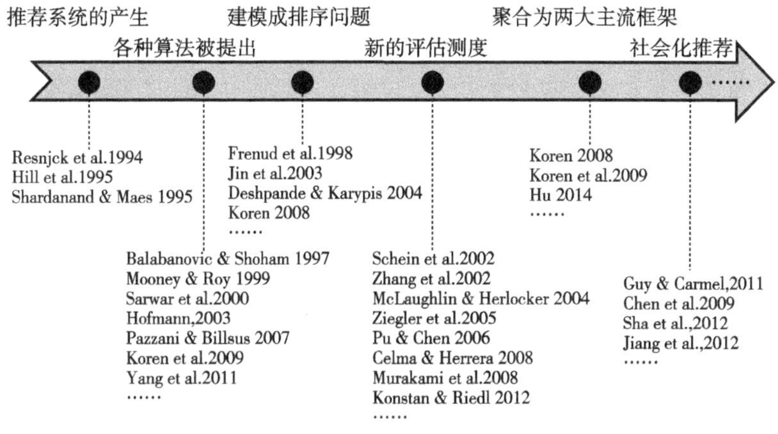

图 2.2　推荐系统的历史发展脉络

在九十年代中期之后，各种各样的推荐算法被提出[21-26]，主要被应用于电子商务环境中对商品的推荐，其中大部分研究关注如何提高预测的准确率。此外，算法的优化目标也逐渐不再局限于预测每个消费者对未考察商品的评分绝对值，基于相对偏好的过滤技术开始出现[27]。在这部分研究中，推荐系统的输出成为商品的偏好顺序，而非是绝对评分值[28-30]，即推荐系统被形式化表示为个性化排序的问题，其中最具代表性的工作是 Top－N 推荐[31]。上述提及的研究都致力于提高推荐结果的预测值准确度或者排序准确度，但同时也有越来越多的研究开始从更加真实的视角来评测推荐系统[38]，提出了除准确性之外的多方面测度，比如多样性（diversity）、覆盖度（coverage）、新颖性（novelty）、新奇度（serendipity）、置信度（confidence）和鲁棒性（robustness）等。这将推荐系统领域的研究引领到了一个新的时代，即从纯算法的关注到对用户体验的关注。

推荐系统吸引了来自学术界和商业领域的广泛关注，代表性事件包括 ACM 协会于 2007 年开始举办的针对此话题的年度国际会议（The ACM Recommender Systems Conference）以及著名在线DVD租赁公司Netflix在2006年发布的推荐任务大赛。近些年来，对推荐系统的研究开始向用户体验方向倾斜，对算法的技术研究开始聚合到以协同过滤思想为基础的两大主流框架中：最近邻方法（Nearest Neighborhood，NN）和潜在因子模型（Latent Factor Model，LFM）[23,30]。作为一种IT使能的创新服务，推荐系统得益于不断产生的海量数据，从而帮助组织更深入地了解其消费者，并提供个性化服务。

一般而言，“推荐”的范围已经扩大至多个方面，而不再局限于商品推荐。例如，Sha等人（2012）[65]提出了一种方法，能够在社交媒体环境下向用户推荐表明事件趋势的图片；Sigurbjrnsson和Zwol（2008）[191]的研究向用户推荐可用于标记照片的标签，从而帮助其完成照片注释的任务；一些学者还针对不同目标设计了算法来实现“用户推荐”，包括发现新的朋友[192,193]，找到种子用户来最大化信息的传播[194]等；Zhang等人（2013）[195]和Chen等人（2009）[192]关注个性化社区推荐，而非单独的用户推荐，从社区中发现新的朋友。

2.1.1 传统推荐算法

本节将介绍一些经典的推荐算法及其扩展，具体从推荐系统的三个方面展开讨论：方法本身、使用的数据、评估算法质量的测度。

1. 方法

在上文中提到，推荐系统给消费者展示的输出有两种方式：每个商品的评分预测值，或是按照相对偏好排序的商品集合。由于预测评分在相关文献中讨论较多，因此本小节也主要关注对评分绝对值的预测工作。Adomavicius和Tuzhilin（2005）[75]将预测评分的推荐算法分成三类：基于内容的推荐、协同过滤、混合方法。在他们的文章中对已有文献中的推荐算法进行了详细全面的综述，并按照上述方式分类，给出了核心技术和代表性工作。由于这篇综述发表的时间较早，一些在近些年呈现的建立在新的研究框架上的推荐算法没有被包含在内。因此，下面对近些年新出现的主流算法进行介绍。具体的，这一时期出现的主要方法有三种：基于拓扑图的方法（Graph - based Method）、潜在因子模型（Latent Factor Model）和扩展的关联规则（Improved Association Rule）。

（1）基于拓扑图的方法。

Huang 等人（2007）[76]将消费者 - 商品的购买关系表示成二部图的形式，并出了基于图形分割的推荐算法。在推荐系统中，通常有三种类型的信息可以作为算法的输入：商品属性信息、消费者属性信息以及消费者和商品之前的交互信息（包括购买、评分、以及其他隐性反馈记录），而该文提出的随机图模型只利用了二者交互的信息来产生推荐。类似地，Zhou 等人（2007）[77]也是将推荐问题抽象成为存在两种类型节点的网络，并认为节点具有不对称的权重，同时允许自连接的存在，通过从网络中抽取隐含信息的方式来得到推荐结果。

通过学习消费者 - 商品构成的图结构的拓扑特点，能够对消费者的购买行为有更深入的了解，从而提高推荐结果的质量。此外，随机图模型也可以用来评估已有推荐算法中的基本假设的合理性，并根据具体的数据集选择最合适的推荐算法。

（2）潜在因子模型。

该模型也被称作“矩阵分解”（Matrix Factorization，MF）或“奇异值分解”（Singular Value Decomposition，SVD），是在 2006 年著名的 Netflix 大赛后最流行的协同过滤算法框架[13,117]。潜在因子模型的核心思想是通过对消费者 - 商品打分信息进行矩阵分解，通过随机梯度下降的方法学习得到两个潜在因子矩阵，即用户特征矩阵 $P = [P_1, P_2, \cdots, P_u]$ 和商品特征矩阵 $Q = [q_1, q_2, \cdots, q_u]$。已有文献证明该方法优于经典的最近邻方法，这是因为潜在因子模型具有很好的扩展性，可以引入新的信息对模型进行改进，如隐性反馈[34]、时间效应[83,85]、输入数据的置信程度等。具体的，学者们对潜在因子模型展开了大量的扩展研究。例如，Xiong 等人（2010）[83]在基本模型的基础上考虑了用户观点产生的时间，并将原来的向量分解扩展成为三维的张量分解问题，时间维度作为一个特殊的约束条件加入到了模型中。Koenigstein 等人（2011）[85]提出了修改后的矩阵分解模型，能够在考虑商品层级分类的基础上引入时间动态性。通过对隐性反馈数据的充分利用，Hu 等人（2008）[34]将这些隐性反馈数据看作是具有不同置信程度的正向偏好和负向偏好的反映，提高了预测的准确率。此外，鉴于真实的电子商务平台中不断有新的用户和新的商品进入，Stern 等人（2009）[82]提出了一种实时学习的推荐算法，能够增量处理不断产生的新数据，确保推荐的结果与消费者最新的偏好保持一致。类似地，Liu 等人（2010）[84]也提出了一种增量方法，叫做进化协同过滤算法。总之，潜在因子模型可以看作是推荐算法的一个里程碑事件，激发了许多对推荐算法的后续扩展研究。随着时间的推移，算法的扩展研究已经不再局限于对模型的复杂化，而是集中在引入新的信息、新的情境因素、新的优化目标等。

（3）扩展的关联规则。

一直以来，关联规则都是一种有效的推荐方法[60]，即通过消费者过去的联合购物模式来发现其偏好。例如，Yang 等人（2013）[80]使用关联规则发现了消费者跨网站的在线购物模式，并供应用于跨多个购物网站的推荐策略。Ghoshal 和 Sarkar

(2014)[81]提出一种新的模式挖掘规则——析取后项关联规则，即关联规则的后项是商品的析取形式，前项是商品的合取形式，分析后发现这种关联规则的形式更加适用于推荐环境，因为通常情况下消费者只需对推荐集合中的某一件商品感兴趣，就认为此次推荐是成功的。这些相关研究说明了传统关联规则在推荐环境中的有效应用。

2. 数据

一般在设计推荐算法时有三种类型的数据输入：产品属性、消费者属性以及消费者与产品的交互行为记录。图 2.3 展示了这几种类型的数据间的层次关系。一般来说，基于内容的推荐方法多利用产品的元数据信息（meta - data）（例如电影的演员、导演、放映档期等）来为用户推荐与其过去的偏好相似的商品，协同过滤方法则使用用户行为数据来产生适当的推荐结果。用户行为数据是指消费者与商品的交互行为，可进一步划分为显性反馈和隐性反馈。显性反馈是指消费者对商品偏好程度的直接表达，通常是购买该商品后的评分值，例如 Netflix 网站[32]就收集了用户对电影的星级打分。用户对商品的评分值通常被看作是基数型数值（numerical values），但也可以看作是序数型数值（ordinal values），即评分大小关系只表示相对偏好顺序，而不是绝对偏好值[33]。隐性反馈[23,34]包括对商品的点击记录、购买记录、浏览记录、搜索模式，甚至鼠标的移动，这些海量的交互行为能够间接反映消费者的观点，推荐系统可以据此推断出用户偏好并生成产品推荐结果。

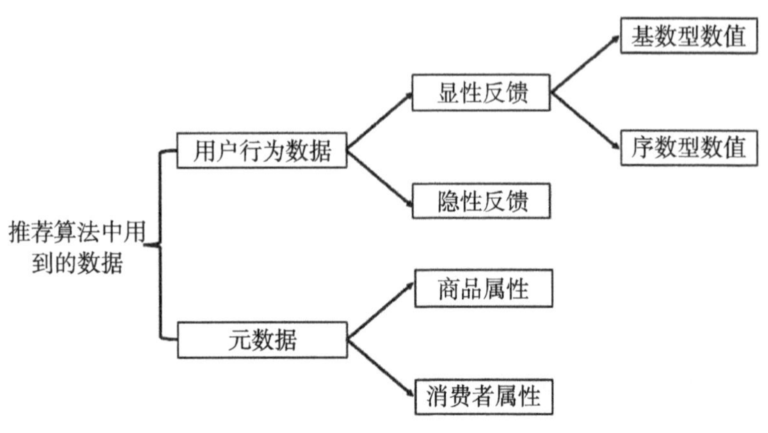

图 2.3 推荐算法中的数据类型

为了评测新提出推荐算法的有效性，研究者通常会选择公开数据集进行线下实验，从而保证不同方法之间的可比性。这些数据集一般属于显性反馈，以评分值的形式出现。最早的数据集是由 GroupLens 实验室公布的几个不同领域的用户打分数据，包括电影评分数据 MovieLens，音乐评分数据 Last. fm，笑话评分数据 Jester 等。2011 年，HetRec2011（2nd International Workshop on Information Heterogeneity and Fusion in Recommender Systems）进一步扩展了 MovieLens 数据集。该扩展数据集中，每一部 MovieLens 中的电影都和电影评价网站 Internet Movie Database（IMDb）以及 RottenTomatoes（RT）中的相关评论内容进行了链接，即包含了该电影在 IMDb 和 RT 系统中的序号、英文标题和西班牙文标题、图片的网址链接、类型、导演、演员（按流行度排序）、国家、拍摄地点、RT 观众和专家的评分值。此外，Netflix 数据集也由于其体量之大自发布起便受到了广泛关注[32]。其他常用公开数据集还包括 2011 年 KDDCup 竞赛发布的 Yahoo！Music 评分数据[33]，Yin 等[35]发布的豆瓣评分数据等。

3. 测度

对于一个电商平台来说有多种推荐算法可供选择，因此需要有不同角度出发的评估测度来帮助其依据自己的目标选择合适的推荐算法[36]。通常有三种实验方式可以评估一个推荐算法的质量[37]：线下实验（offline experiment），即将标杆数据集划分成训练集和测试集，比较不同算法在测试集上的表现，不与用户发生真正的交互；用户实验（user study），即招募一批被试在实验室环境中使用需要评测的推荐系统，并给出自己的报告评价；线上实验（online experiment），将推荐系统部署安装在成熟的电商平台中，大量真实的消费者在无意识地使用并发生交互行为。在上述三种评测手段中，线上实验是最可靠的方式，因为与用户实验相比，消费者不会受到无关因素的影响，最能体现其真实意图和行为，而与线下实验相比，该方式更贴近真实环境。然而，已有文献中使用此种评测手段的研究数量非常有限，这是因为研究者需要与企业合作才能将自己的推荐算法实施到成熟平台上，同时新的算法在扩展性和鲁棒性上不够完善，直接应用于电商平台有一定风险。此外，用户实验必须要精心设计每个步骤，尽可能地排除其他因素的干扰。最后，线下实验是最容易实施的手段，也是研究者使用最多的评估方法。

因此，线下实验中比较不同的推荐算法时，有一系列的评估维度可供考虑，其中最常被评测的方面是推荐的准确率（accuracy）。当测量评分绝对值预测结果的准确率时，有两个最常用的测度是均方根误差（Root Mean Square Error，RMSE）和平均绝对误差（Mean Absolute Error，MAE）。当测量排序预测结果（即，Top－N 推荐）的准确率时，有些信息检索领域的经典测度被应用到这一场景中，例如查准率（precision）、查全率（recall）、平均准确率（Mean Average Precision，MAP）、ROC 曲线下面积

（Area Under the ROC Curve，AUC）和标准化累计折扣增益（Normalized Cumulative Discounted Gain，nDCG）。此外，除了致力于提高推荐结果的预测值准确度或排序准确度之外，越来越多的学者也开始从更加全面的视角来评测推荐系统[38]，提出了除准确性之外的多方面测度，如多样性（diversity）、覆盖度（coverage）、新颖性（novelty）、新奇度（serendipity）、置信度（confidence）和鲁棒性（robustness）等。表 2.1 列出了主要测度及其代表性研究。

个体多样性是指对某个用户推荐的商品集合中两两商品的平均差异度[39-44]，或从聚合角度出发，多样性越高说明该平台能够对所有消费者提供种类更多的商品，而不是仅仅推荐热门商品[45-48]；覆盖度又分成商品覆盖度[16,49]和用户覆盖度[50]，分别指推荐结果中的商品占所有商品的百分比，以及系统能为多少用户产生推荐；新颖性[51-54]是衡量系统能否为用户推荐之前所不了解并且满足其偏好的商品；新奇度[50,55]与新颖度类似，也是用来评估推荐结果给用户带来的惊喜程度，由于无法找到合适的客观指标来衡量惊喜程度，研究者一般通过直接询问用户的感知来获得这一评测结果；置信度[12,16,56-58]有时也称可靠性（reliability），是指预测结果的可信程度，这一指标与推荐算法的计算过程、数据质量等相关，通常数据质量越高、计算过程越严密，则预测值的置信度越高；鲁棒性[59-62]是指推荐系统在遭遇恶意攻击或者极端情况时的稳定性。总而言之，这些新测度的提出将推荐系统领域的研究引领到了一个新的时代，即从对纯算法的关注到对用户体验的关注[63]。

表 2.1　评估推荐系统表现的多种测度

测度	代表性工作
个体多样性	Bradley & Smyth, 2001; Smyth & McClave, 2001; Ziegler et al., 2005; Zhang & Hurley, 2008; Zhang, 2009; Hu & Pu, 2011
聚合多样性	Fleder & Hosanagar, 2009; Levy & Bosteels, 2010; Brynjolfsson et al., 2011; Adomavicius & Kwon, 2012
覆盖度	Herlocker et al., 2000; Geetal., 2010; Celma, 2008
新颖性	Zhang et al., 2002; Jones & Pu, 2007; Celma & Herrera, 2008; Santini & Castells, 2011
新奇度	Murakami et al., 2008; Ge et al., 2010
置信度	Herlocker et al., 2000; Swearingen & Sinha, 2001; McNee et al., 2003; Mazurowski, 2013; Hernando et al., 2013
鲁棒性	O' Mahony et al., 2004; O' Mahony et al., 2006; Mobasher et al., 2007; Lee & Zhu, 2012

2.1.2　社会化推荐

随着近年社交媒体的深入渗透，考虑社交情境因素的推荐系统应运而生，推荐系统与社交网络二者的融合，能够起到双赢的效果[64]：一方面，个性化推荐由于从社交媒体中引入了更多的外部数据使得推荐结果更加准确；另一方面，社交媒体通过提供个性化服务也能吸引更多的用户。从狭义上来看，King 等人(2010)[173]认为社会化推荐是将人与人之间的社交结构关系作为额外输入，融合到传统的推荐系统中，重点在于利用社交信息提升推荐算法的效果。从广义上看，Guy 和 Carmel[64]认为任何涉及社交媒体内容的推荐形式都称为社会化推荐，包括图片推荐[65]、内容推荐[66]、标签推荐、朋友推荐[67]、社区推荐[68]等。此外，在社会化推荐算法中使用的数据类型也不仅仅限于结构化的社交关系，还包括社会化标签[69]、用户间的交互内容[70]、浏览和点击数据[71]等。技术方面，社会化推荐领域涉及了不同分支的社会网络分析段，例如社区发现[72]、社交影响力最大化[73]、本分析/意见挖掘等[74]。本节将主要讨论社会化推荐中用到的具体算法，即如何将社交媒体中的公开数据整合到传统的推荐方法中。图2.4展示了在启发式方法和基于模型的方法这两大类算法框架中的“社会化推荐算法”研究的一些代表性工作。

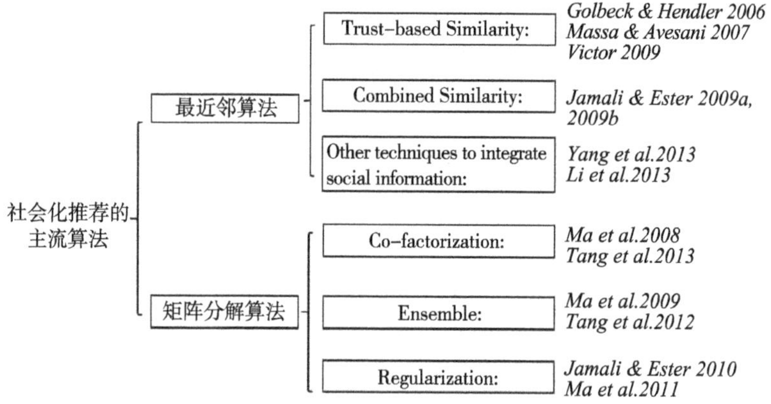

图2.4　社会化推荐算法中的代表性研究

现有的社会化推荐系统大多建立在协同过滤的基础上，并通过社交网络分析技术获取额外的社交信息，最后在新方法中融入这些社交信息。如上文所述，启发式方法中最具有代表性的工作是“最近邻”算法框架，基于模型的方法中最经典的当属“矩阵分解”算法框架，下面分别从这两个角度介绍主流的社会化推荐算法。

（1）最近邻算法框架。

与传统的最近邻算法相比，社会化推荐的最主要区别在于用户之间相似度的定义。传统方法一般基于用户对产品的历史评分值计算二者相似度，而社会化推荐方法中同时基于评分值和社交关系来建立用户间的相似矩阵。例如，“信任”关系常受到研究者的青睐，研究表明基于用户间的信任关系计算的相似度能够提高预测的准确率，并有效缓解评分值不足引起的冷启动问题[174,175,176]。类似地，Jamali 等人（2009a，2009b）[177,178]通过联合考虑基于产品评分的相似度和基于信任关系的相似度提出了新的推荐方法，并且该方法不仅适用于评分值的预测，也可以用于 Top－N 的推荐任务。最近，在最近邻算法框架中整合评分值信息和社交关系信息的技术手段不断推陈出新，比如贝叶斯推理模型[179]、层次分析法[180]等。

（2）矩阵分解算法框架。

在传统的矩阵分解算法中，用户对产品的评分值被分解成两个潜在特征向量，分别代表商品的潜在特征，以及用户对各潜在特征的偏好程度。在该类方法的基础上加入社交关系信息，通常有三种做法：共同分解（co－factorization）、集成（ensemble），以及正则化（regularization）[181]。具体地，Ma 等人（2008）[182]首次提出“共同分解”方法，并称其模型为 SoRec，随后该模型被 Tang 等人（2013）[183]进一步扩展。在该方法中，“用户－用户”社交关系构成的矩阵同样被分解成两个子矩阵，并与分解后的“用户－商品”评分矩阵共享表达用户偏好的潜在特征，以此方法将社交信息和评分信息联合起来。其次，“集成”方法的主要思想是将最终对评分值的预测看作是基本矩阵分解方法预测结果和社会网络分析方法预测结果的线性组合[184,185]。第三，“正则化”方法[186,187]是将社交网络信息合并到模型训练过程中，即在模型的损失函数中加入关于社交关系约束的正则化条件。总之，上述三种基于模型的方法是社会化推荐中最为主流的算法，近些年也出现了许多以此为基础的扩展研究[188,189,190]。

随着社交媒体的广泛普及，在传统推荐系统中考虑社交关系因素将成为该领域的一个主流趋势。同时，挑战与机遇并存，社交信息的引入也带来了新的问题，例如海量数据与增量计算、跨媒介数据的整合、以及社交媒体中的负向相关关系的获取等。

2.2 推荐算法中的预测不确定性

在已有推荐算法的研究中，基于协同过滤的扩展研究最为广泛，其基本做法是利用历史交互数据预测消费者对未考察商品的评分绝对值并按照递减顺序排列[16,23,25]，或者直接预测用户对商品的相对偏好顺序并输出个性化排序列表[30,31]。尽管协同过滤方法被广泛应用，但它仍然有许多局限性，其中数据的稀疏性便是在文献中讨论最多的一个问题。稀疏性问题是指已有历史数据量较少，从而不足以识别消费者的偏好信息，造成预测准确率不高[86,87]。一般来说，所有的预测方法和预测值都存在不确定性，即不能保证与真实情况完全一致[88]。在使用协同过滤计算预测评分值时，由于数据的不完整、稀疏性问题以及启发式的计算过程[16]，预测值往往会与真实值有严重的偏差。同时，实证研究表明预测值的不确定性作为衡量推荐系统质量的标准之一，对消费者的决策满意度有显著的影响[89]。因此，讨论并试图缓解协同过滤方法中的预测不确定性问题有极大的应用价值。一方面，从聚合角度来看，不确定性可以通过算法整体的预测准确率来反映，通常用预测值和真实值的均方根误差测量得到，并且预测误差越高表明预测值的不确定性也越高[90]。另一方面，从个体角度来看，每个单独预测值的不确定性依赖于该预测值的计算过程。接下来我们分别从聚合角度和个体角度介绍推荐算法中的预测不确定性。

2.2.1 聚合层次的预测不确定性

从聚合角度来看，数据稀疏是造成预测不确定性的主要原因，例如“冷启动”问题是指新的用户由于没有历史购买记录和评分数据而无法为其进行准确的个性化推荐。因此许多研究者尝试通过缓解稀疏性问题来提高整体预测的准确率，从聚合层面降低不确定性。例如，Deshpande 和 Karypis[31]、Sarwar 等[25]提出基于产品相似度的协同过滤法，与基于用户相似度的传统方法区分开来，由于电商平台中的商品数量要远远小于用户数量，并且稳定性较高，所以该方法能够取得更好的推荐效果和更高的计算效率。

另外一类缓解稀疏性问题的方法是降维，其基本思想是通过删除用户 - 商品评分矩阵中的非代表性或无关紧要的消费者或商品来降低该矩阵的维度，使压缩后矩阵的稀疏性降低[86]，通常称为潜在因子模型。这类方法用到的技术包括主成分分析[91]和奇异值分解[87]，或称为矩阵分解，属于基于模型的协同过滤方法。该技术是通过对消费者 - 商品评分信息进行矩阵分解，通过随机梯度下降的方法学习得到两个潜在因子矩阵，即用户特征矩阵和商品特征矩阵，再基于此预测消费者对未知商品的评分。Sarwar 等人[87]在 2000 年的实证研究表明，与传统的最近邻方法相比，降维可以有效的缓解数据稀疏性问题。这类方法的弊端在于需要在降维之前补充缺失数据以获得完整的矩阵，这一处理过程可能会造成数据失真，并且提高计算复杂度。因此，有的学者针对这一问题提出了改进方法，直接对观测到的数据建模，通过正则化来避免过度拟合[30,92]。例如，Salakhutdinov 和 Mnih[92]在用户偏好矩阵、产品特征矩阵的基础上加入了先验概率分布，提出了概率矩阵分解模型（PMF），并通过在大规模的 Netflix 数据上的实验验证了此方法相较于标准奇异值分解方法的优越性。进一步地，他们又在此基础上进行贝叶斯处理扩展成为贝叶斯概率矩阵分解模型（BPMF），整合模型中所有的参数和超参数，并取得了更高的准确率[93]。

2.2.2 个体层次的预测不确定性

从个体角度来看，一些学者尝试测量和描述由于数据稀疏性造成的每个单独预测值的不确定性。首先，一些研究者认为单个预测值的不确定性可以通过建立对推荐结果的解释机制来反映，将每个被推荐商品的预测过程展示给消费者[16,94-96]。例如，Herlocker 等人[16]在 2000 年针对协同过滤推荐算法提出了几种有效的解释方法，其中包括评分直方图、该算法过去的预测表现以及与相似评分商品的比较展示。Hernando 等人[95]将商品之间的关系用树状结构表示，提供了一种简洁有效的解释方式帮助消费者理解推荐结果。Chen 等人[94]提出了基于标签的解释机制，实验结果表明：引入对推荐的解释后提高了消费者的满意度和对推荐系统的接受度。在这类研究中，尽管解释机制向消费者展示了预测的不确定性信息，提出了推荐过程的透明度，但是并没有对不确定程度进行量化。因此，单纯使用解释机制无法有效地对这一不确定性信息加以利用，来达到提推荐准确率的目的。

随后，McNee 等人[57]研究了在推荐系统中引入每个预测值的置信度（confidence）信息后带来的效果，该研究的贡献在于对不确定性进行了量化，并且提出置信度这一概念，然而对如何计算置信度并正确反映不确定性并没有进行深入的讨论。由于推荐算法所依赖的数据的特点（如数据质量、评分数据量、评分波动程度等）对推荐效果有显著的影响[16,97]，因此利用数据特征来计算置信度信息也成为领域研究者的关注热点。Mazurowski[56]基于数据多方面的特征信息总结并提出了几种计算置信度的算法，并创新性地提出了对这一测度的检验方法。类似地，Hernando 等人[12]提出了“可靠性”（reliability）这一测度来衡量单个预测值的不确定性信息。该研究的局限在于仅仅计算得到可靠性数值，并未将这一信息加以融合和利用，从而进一步提高推荐效果。

此外，除置信度这一测度外，研究者也提出了其他指标来对预测不确定性建模。例如，Koren 和 Sill[33]利用概率分布信息来刻画不确定性，其与传统的推荐算法计算得到消费者对商品的单点预测值不同，在他们新提出的算法中的输出结果是预测值的全概率分布，直观地体现了每个预测值的不确定性信息。Adomavicius 等人[98]利用评分方差来度量预测值的不确定性，并将这一信息融合到推荐过程中，使得推荐结果获得了更高的覆盖度。该研究的局限性在于仅利用方差这一个数据特征，而忽略了其他重要特征，如评分数量。此外，在将不确定性信息融合到推荐策略中时，仅仅将低于某个不确定性临界值的商品过滤掉，缺乏对预测值和不确定性这两部分信息的系统深入的整合。再者，文中实验结果表明：加入不确定性信息后提高了推荐的覆盖度，并未针对推荐准确性进行优化。

2.3　互补性推荐与替代性推荐

如上文所述，用户体验成为商家日益关注的一个目标，而用户体验的提升已经不再仅仅满足于推荐准确率的提升，因此新的推荐目标层出不穷。其中，“推荐结果的多样性”已经成为衡量推荐效果的重要指标。从独立用户的角度来看[39-44]，多样性是指对该用户推荐的集合中两两商品之间的平均差异度；从整体或聚合角度来看[45-48,99]，销售多样性强调该平台为所有消费者推荐种类更多的商品，而不是推荐热门商品。

从产品特征的角度来看，推荐结果的多样性意味着产品之间是非同质的，而在考虑非同质产品时，我们需要对产品的类型进行进一步区分。经济学中根据需求交叉价格弹性将相关产品的关系分为两大类：互补关系和替代关系。此外，营销实践也表明，互补性产品和替代性产品是典型的两种推荐策略。一般来说，互补品（替代品）是指降低（提高）其中一个产品的价格会促进另一个产品的销量[100]。Russell 等人[101]提出不同类别的产品之间的需求关系一般通过三种机制联系在一起：①跨类别考虑（cross - category consideration）是指购物时用户在不同类型的替代品之间进行考察和选择；②跨类别学习（cross - category learning）指过去的购物经验会影响当前的选择；③捆绑销售（product bundling）指互补关系的商品常被共同购买以满足消费者的需求。研究表明，消费者的购买决策容易受到情境因素以及决策时的其他可选产品的影响[102]，因此，互补商品和替代商品之间都存在着显著的需求影响关系[103]。通常为了最大化销售利润，互为替代的两个商品应该分开展示，而互补商品则应该同时展示[104]。究其原因，是因为替代商品之间竞争性较强，一个产品可以替代另一个产品使用，从而降低其销量，而互补品的出现则可能帮助消费者发现已有商品的新用途或附加价值[100]。图 2.5 展示了互补品和替代品之间的需求影响关系。

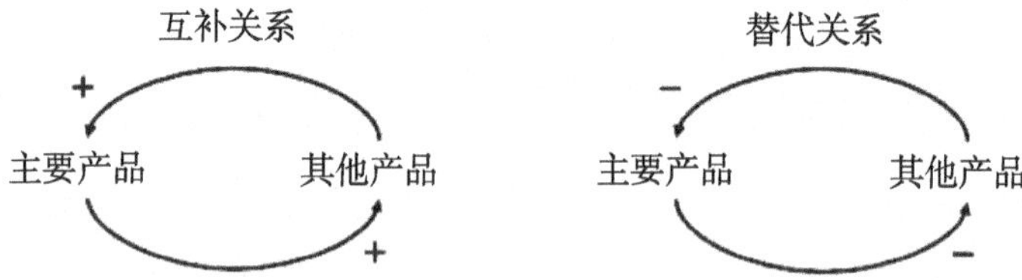

图 2.5　互补品与替代品的需求影响关系

针对互补关系的商品，如何进行捆绑推荐成为推荐系统领域的一类主要研究方向。产品的功能互补性、产品组合的价格优势会促使用户在一次交易中选购多件商品。例如，用户在选购笔记本电脑之后，很可能会选择鼠标、电脑包等互补产品；商家推出的某些产品组合，当价格优于分别购买时，客户也可能在单笔交易中进行多产品的购买。Harlam 等人[105]讨论了哪种类型的商品应该被捆绑在一起，以及如何对捆绑商品定价以提高购买概率。他们指出，相比相似产品或不相关产品的组合，互补性的产品组合会使用户产生更高的购买倾向，同时，使用不同的方式展示产品组合的价格会影响购买概率，这一影响对熟悉该产品的消费者更加明显。Subramaniam 和 Venkatesh[106]以利润最大化为出发点，从互补品和替代品的角度讨论了多产品拍卖过程中最优的产品组合策略。在推荐系统的场景下，Garfinkel 等人[107]以协同过滤方法和基于内容的推荐方法为基础，整合产品价格因素，以成本节约为目标设计了捆绑推荐的算法。进一步地，Zhu 等人[108]考虑产品之间的兼容性和依赖性，设计最优的产品组合推荐方法，并使用 Walmart. com 数据验证算法的有效性。实验结果发现，相比于传统的推荐，捆绑方式的产品组合推荐即便不考虑其价格优势，也能刺激更多的购买量。

此外，近些年来一些学者开始从网络分析的视角对产品推荐进行研究。用户在电子商务购物平台中会倾向于同时浏览多个替代性产品，以及同时购买多个互补性产品，而商家也会推出不同类型的产品进行推荐，以促进交叉销售。例如亚马逊网站上推出标题为“浏览了该商品的顾客还浏览了”以及“购买了该商品的顾客还购买了”等方式分别在主要产品页面上向用户推荐替代品和互补品。这种推荐机制使得产品之间形成一定的关联，即商品成为产品网络中的节点，而商品之间的共同购买/浏览关系和频率则构成了网络中的连接。实际上，依据消费者的购物决策过程可知，他们往往会浏览多个相似的备选产品，并最终购买其中一个，有时还会由于产品的功能互补性和产品组合的价格优势而在一次交易中共同购买相关配件。因此，共同浏览网络与共同购买网络分别代表了对替代性和互补性商品的推荐策略。已有文献多关注共同购买产品网络，利用实证数据研究该网络从整体层面上对平台上产品需求结构（包含产品销量和多样性）的影响。例如，Oestreicher - Singer 与 Sundararajan[109]通过对网络结构指标的度量发现共同购买的推荐网络削弱了电子商务网站中的长尾性，使需求和利润的分布更加平滑，并且这种推荐方式也显著增加了互补产品的销量。Dhar 等人[110]在 2014 年从动态网络的视角，对多个时间节点的共同购买产品网络进行分析，利用商品在网络中所处位置的节点性质以及邻居产品的销量来预测客户对该商品的未来需求。进一步地，Lin 等人[111]讨论了两种产品网络（共同购买与共同浏览）的区别，使用天猫的销售数据，在控制产品价格、类别等因素的情况下，使用线性面板数据模型来分别分析两种网络的多样性和稳定性对产品需求的影响。模型结果发现入度（incoming）共同购买网络的类别多样性每增加 1% 造成产品销量增加 0.011%，而出度（outgoing）共同购买网络的类别多样性每增加 1% 则产品销量降低 0.012%。同时，相比于共同浏览网络，共同购买网络对产品销量的影响更加显著。

2.4 推荐情境中产品关系挖掘方法介绍

本小节主要介绍如何识别产品之间的互补性和替代性关系，以及在特定情境下进行合适类型的推荐。研究表明，互补性和替代性的产品推荐对于消费者有着不同的影响。例如，Zhang 和 Bockstedt[112]发现当消费者处于不同的购物阶段时，推荐产品的类型对其支付意愿有显著不同的影响。处于后期购买阶段时，推荐和用户当前关注商品互补的其他商品能够提高他的支付意愿，这一结论也表明了时间这一情景因素在推荐中的重要性。因此，挖掘产品关系，是区分推荐产品的类型并根据消费者所处生命周期的不同阶段推荐合适类型产品的重要前提条件。

在产品关系挖掘的相关研究中，其中一类解决该问题的方法被称为“基于行为的预测方法”（behavioral - based solution），该类方法从用户行为而非产品本身的特征出发，主要使用消费者的共同购买和共同浏览记录来对产品关系进行推断。Jin[113]使用ebay数据研究线上拍卖情景下的互补与替代的关系挖掘，他将被拍卖的商品看作结点，用户的共同拍卖行为构成连接这些结点的链接，从而构建了一个基于用户行为的产品网络。在挖掘替代关系时，具体通过社区发现算法来识别产品网络中的最大连接子图，该子图内互相连接的商品认为是相互替代的关系，之后设计了关键词抽取算法来对上一步得到的商品集合进行刻画。在挖掘互补关系时设计了一个三阶段方法，首先同样使用社区发现算法找到替代品集合，其次在此基础上将这些替代品“社区”相应地聚合到由互补关系定义的超社区中，也就是说，使得两类商品有很强的互补关系，在此基础上进一步发现单个商品之间的互补性关系。

Zheng等人[8]将互补替代关系挖掘的这一问题进一步扩展到产品推荐的情境中，发现消费者处于不同的购物阶段时喜欢不同类型的推荐。例如在搜索过程中偏好替代品，而在完成当前商品的购买后偏好互补品。因此，需要在特定场景下设计适合的推荐策略。他们认为，传统的推荐算法中仅用一个标量（如预测得分）来描述对产品的推荐程度是不够的，因此设计算法，通过分析用户浏览志和购买记录发现产品之间的互补关系或替代关系，并进一步对消费者的购物周期建模，在周期的不同阶段推荐合适的互补品或替代品。该文具体提出两个测度 REL（i，j）和 NAV（i，j），分别描述两个产品 i 和 j 的相关性和被浏览的先后次序，最后通过实验选定最优临界值 $RdN_{i,j}$ = REL（i，j）/NAV（i，j）来决定产品属于互补关系还是替代关系。

在上述这一类方法中，仅仅使用行为记录数据作为方法的输入，而没有与产品特征相关的信息描述，这对于解释为什么两个产品是替代关系或互补关系来说是有一定局限性的。此外，共同购买和共同浏览记录并不总是可得的，这在一定程度上限制了“基于行为的预测方法”的应用。为了解决这一问题，另外一类预测方法则使用文本信息对产品之间的语义关联建模，包括产品描述或在线评论信息，这类方法能够有效地理解产品关联的原因。例如，Kwark 等人[115]对产品描述的文本内容进行话题建模，以得到产品两两之间的功能/特征相似性。他们的基本假设是——处于共同浏览集合中的商品一定是互补或替代的关系。在此基础上设定了两个相似性的临界值 a 和 b，当两个产品的文本相似性小于 a 时，认为二者是互补品；当两个产品的文本相似性大于 b 时，认为二者是替代品。McAuley 等人[116]则使用了产品的在线评论信息，将产品关系挖掘这一任务建模成有监督链路预测问题，将 LDA 话题模型与逻辑回归模型结合在一起，同时训练话题向量参数和逻辑回归参数，最大化产品网络中的联合似然函数，使训练得到的话题向量更利于产品关系的预测。这种基于文本信息的预测方法的适用性更广，比如像 epinions. com 这类的专业评论网站，有丰富的文本内容但却不具有消费者购买或浏览的行为数据。这一研究[116]的主要局限在于对“产品对”的关系进行建模时，仅仅描述了两个产品的话题相似性。然而，两个相关产品并不一定是在每个对应的话题分量上同时具有高或低的概率分布，比如互补关系就有可能出现产品一在某个话题 k 上具有很大的概率分布值，而产品二在同一个话题上则有较小的概率分布值。此外，该文也没有全面考虑产品评论中所包含的非文本信息，如评论数量、平均得分、评分方差等。

2.5　推荐系统的行为影响

2.5.1　对消费者的影响

作为一种决策支持工具，推荐系统在帮助消费者高效地找到满意商品的同时，也在潜移默化中影响着用户的行为和偏好。近些年来，推荐系统领域的研究开始从对纯算法的关注逐渐侧重于对用户体验的关注[63]，其中研究推荐系统对消费者态度和行为的影响是一类主要的方向。例如，Benlian 等人[117]在 2012 年提出了一个概念模型，来研究“产品推荐”和“用户评论”这两种决策支持服务对消费者感知的影响差异，并最终影响用户对推荐系统的持续使用和产品购买意向。类似地，Ho 和 Bodoff[15]在详尽可能性模型（Elaboration Likelihood Model）和消费者搜索理论的基础上，以“用户对推荐的态度”为因变量建立了理论模型，研究了消费者对个性化服务的态度的形成机理。该文章通过实证分析发现消费者的态度会受到其已经浏览产品的数量以及对每个产品的认知程度的影响。Hosanagar 等人[118]讨论了推荐系统是否会造成整个平台中用户偏好的分离，而对数据的实证分析得到了与假设相反的结论，即推荐系统的引入使得整个平台上的用户偏好越来越相似。

此外，除了上述提及的关于推荐系统影响用户的态度、认知层面的相关研究外，另外一些学者也讨论了推荐对用户真实行为的影响，如对商品的偏好和购买决策。例如，Adomavicius 等人[119]从锚定效应出发，发现当推荐系统向用户展示商品的预测评分时，会对用户的真实偏好造成影响，使其真实评分产生偏差，更接近预测评分。更具体地，一些研究从某个具体特征入手探讨其影响，而非研究推荐的整体效果。Ho 等人[17]分析了推荐的时间效应，发现随着用户购物过程的推进，在相应的时间节点上的推荐对用户的影响在降低，即用户考虑并接受所推荐商品的概率在降低。Xu 等人[120]研究了推荐系统界面设计的某些具体属性对用户决策的影响，发现推荐系统对产品多属性权衡的透明度在用户的购买决策中起到了重要作用。

推荐系统中的一些特殊现象往往可以利用其它学科中的相关理论来解释，包括社会学、心理学、组织行为学等。通常，这些理论在所属学科内的发展已经非常成熟，但在推荐系统中的讨论并不多见。相关例子可参见 Adomavicius 等人[119]和 Sahoo 等人[121]的研究。具体地，Adomavicius 等人[119]发现消费者的偏好会受到推荐系统的预测评分的影响，即预测评分高时消费者的真实打分也相应的高，他们用决策理论中的锚定效应来解释这一现象。实验室结果表明，预测评分对于消费者的真实偏好起到了锚定的作用，使用户偏好倾向于和预测评分一致，并且该效应是连续且线性的。Sahoo 等人[121]利用结构学习算法发现了推荐系统中用户对商品多个属性的评分之间的依存关系，随后，这一依存关系通过心理学文献中的光环效应得到了解释。

2.5.2 对产品的影响

总体看来，推荐系统对产品影响的讨论集中在两个子方面，即对产品销量（sales volume）的影响和对产品销售多样性（sales diversity）的影响。消费者与电商平台的不断互动使得一些搜索模式得以浮现，如哪些产品容易被一起搜索和购买，因此经常被共同搜索或购买的产品页面往往被链接在一起，形成了“产品网络”。Oestreicher - Singer 和 Sundararajan[122]对亚马逊平台上“共同购买”（co - purchase）的产品网络（即“购买了该商品的用户还购买了”所形成的网络）进行分析，并发现推荐网络削弱了电子商务网站中的长尾性，使需求和利润分布更加平滑，增加了位于尾部的商品的销量，并且这种现象在以推荐占主导地位的商品种类中更显著。此外，实验结果还表明共同购买网络的可见性会直接影响互补产品的销量，并且实证分析强调了产品节点在网络中的位置会对该产品的动态需求产生显著影响。其次，Sun 在 2012 年[123]发现推荐系统中当且仅当产品的整体评价均值较低时，评分值的方差越大，越能激发消费者对该产品更多的需求。该研究发现评分方差较大的利基商品（即，小众商品）会向消费者释放一种信号，即该商品会受到需求相匹配的消费者的钟爱，因此会提高其销量。再次，由于许多商家会将产品推荐和用户生成的评论内容共同展示给潜在消费者，因此，一些研究者也开始关注这两种形式的决策支持内容带来的不同效应或综合影响[117,124,125]。例如，Pathak 等人[125]利用比较分析的方法发现相比于在线评论，产品推荐这种决策支持方式由于提供了更多和产品质量、与用户偏好匹配程度等相关的信息而对产品销量的提升起到了更大的作用。Jabr 和 Zheng[124]将这两种 IT 使能的服务整合在一起，研究了它们对产品销量的联合影响。

另一方面，研究者也认识到推荐不仅会影响产品的销量，同时也是平台或商家层次的销售多样性动态变化的一个重要因素。相关文献中关于推荐对销售多样性的影响效果并无定论——一些学者发现推荐系统能够帮助消费者发现新颖的商品，从而提高销售多样性；而另一些学者则认为推荐系统总是倾向于向用户推荐热门商品，导致将绝大多数用户都吸引到一小部分商品上，类似“马太效应”，从而降低销售多样性。对这一问题的争论引发了更多的相关研究，例如，Fleder 和 Hosanagar[47]发现从个体层面和聚合层面这两个不同维度来看，推荐对销售多样性的影响效果是不同的。具体而言，由于冷启动问题，推荐系统对那些评分数量较少的产品无法形成准确的推荐，从而会产生一种“胜利者循环”效应，即评分数量较多的商品会得到更多的推荐，从而进一步得到更多的评分。这样便会使得聚合层面的产品销售多样性降低。然而，对每个单独的消费者而言，他可能会通过推荐系统发现一些新颖、多样化的商品，所以个体层面的销售多样性仍然有可能提高。Oestreicher - Singer 和 Sundararajan[109,122]将推荐系统形成的产品网络看作一个整体，研究了整个网络而非具体推荐的产品对销售多样性带来的影响。具体地，他们通过对网络结构指标的度量和实证分析，发现推荐网络减弱了电子商务平台上的长尾效应，使得消费者对产品的需求分布更加平滑，增大了利基产品的销量，也就是说提高了平台的整合多样性。此外，这项研究还对共同购买的网络进一步分析，发现共同购买网络的可见性可以增强用户对互补商品的购买量，并且流行商品可以借助其在网络中的有利位置来影响用户需求。

2.6 本章小结

本章首先回顾了推荐系统的历史发展脉络，从数据、算法和测度三个方面介绍了当前这一领域的研究现状，然后对与本书内容的相关研究进行了总结归纳。一方面从提高同质产品的推荐准确性出发，针对预测的不确定性问题进行了综述，着重探讨了分别从聚合层次和个体层次的各类对不确定性建模的研究视角与方法；另一方面针对非同质产品的推荐集合，对互补性商品和替代性商品两种不同类型的推荐的相关研究，以及不同类型产品关系的挖掘方法进行了总结。最后，本章还对推荐系统在应用层面对消费者和产品带来的影响研究进行了综述和讨论。产品推荐是电子商务发展到今天的一类典型性个性化服务手段，本书将在后续章节重点介绍从同质性和非同质产品的角度来看个性化推荐的方法和行为影响。

第三章　同质产品中考虑预测不确定性的个性化推荐方法

消费者在电子商务平台浏览和搜索商品时往往面临信息过载问题，例如在淘宝上搜索“连衣裙”会反馈超过 100 页的符合条件的商品，由于时间和精力有限，消费者无法对所有符合条件的商品进行仔细考察。推荐系统是伴随电子商务的发展而产生的一个智能系统，它有效解决了信息过载问题，也是商家在电子商务平台中提升用户购买体验，同时进行产品推广和扩大产品销量的重要工具。推荐系统根据对消费者的偏好预测将产品进行个性化排序，并选取排在最前面的 Top－N 商品形成推荐集合。这一策略以消费者和被推荐产品的相关性为主要依据进行排序，而较少考虑推荐集合中两两产品的关系，因此在同质性产品集合中应用最为普遍，如电影、音乐和图书的个性化推荐[126,127]。最经典的偏好预测方法称为协同过滤，即根据大量相似用户的历史购物数据和评价记录信息来预测目标用户对未考察商品的偏好程度。协同过滤技术利用多种类型的行为数据来预测消费者对商品的评分值，包括显性反馈数据（例如已有评分）和隐性反馈数据（例如购买记录、点击记录），然后按照预测得到的评分值从高到低对商品排序，得到个性化的 Top－N 推荐结果集合[34,45,99,128]。Ghose 等人[129]的研究表明，个性化排序机制不仅能帮助消费者在较短的时间内做出明智的决策，提升用户体验，同时也可以提高商家的利润，提升整个平台服务的质量。

然而，基于协同过滤的个性化产品推荐方法也受到了来自一些研究者的挑战。他们认为，由于任何单点预测（Point Prediction）都存在不确定性，所以直接应用针对单点的协同过滤方法[99]得到的预测评分作为排序标准并不是最好的解决方法[31,38,130]。而在已有的文献中还没有一种有效的方法能够对每个单点的预测评分的不确定性进行估计和量化。下面举例说明预测不确定性的存在，在如图3.1所示的场景中，某电影播放网站根据某用户的观看记录预测他对电影‘Mulholland Drive’的评分是5分，对另一部电影‘Sin City’的评分是4分。因此，推荐系统会认为‘Mulholland Drive’更加满足用户的偏好，按照评分高低将该电影排在‘Sin City’的前面。然而，在上述推荐系统中两个评分预测值的可靠性程度[12]却没有被考虑进来。假设在基于最近邻的协同过滤计算过程中，用户对‘Mulholland Drive’的预测评分是根据他的3个“邻居”（即，偏好相似的其他用户）评分计算得到，而对‘Sin City’的预测评分则是根据他的500个“邻居”的评分计算得到。很明显，系统对‘Sin City’的预测和推荐都更加可靠，而对‘Mulholland Drive’的预测评分的不确定性则高出许多。在这种情况下，如何综合考虑评分的预测值以及与之相关的不确定性，进而得到较优的个性化推荐结果，则成为一个关键问题。

图3.1　基于最近邻协同过滤的电影推荐结果示例

针对上述问题，本章着眼于对同质产品情境下协同过滤计算得到的单个预测值的不确定性进行分析。首先从两个关键元素入手，提出了二阶段方法对预测不确定性建模，并在此基础上提出一种新的个性化产品排序方法，该方法综合考虑了预测值及其对应的不确定性，旨在在协同过滤预测方法的基础上进一步提高推荐和排序效果。

3.1 协同过滤方法介绍

假设推荐系统中存在由 m 个消费者构成的集合，$C=\{c_1, c_2, \cdots, c_m\}$，以及 n 个商品构成的集合，$S=\{s_1, s_2, \cdots, s_n\}$。消费者根据自己的偏好对商品进行评分，评分范围通常为 $[1, k]$ 的离散值，记作 $\{r_{cs}\in R \mid R=1, 2, \cdots, k\}$。例如，在 MovieLens 电影推荐网站中，用户从 $\{1, 2, 3, 4, 5\}$ 中选择一个分数来表示自己对某个电影的喜好程度，分值越大，代表偏好程度越高。基于这些历史评分数据，推荐系统一般利用协同过滤的方法（即历史偏好相似的用户，其未来的偏好也相似）计算得到用户对某个新商品的预测得分 r_{cs}^{CF}。具体的，协同过滤的推荐算法可以进一步分为基于记忆的方法和基于模型的方法两大类，代表性的具体算法分别为最近邻方法[131]和矩阵分解方法[23,30]。

最近邻方法利用消费者所有“邻居”对某个商品的评分的加权平均值作为该消费者对同一个商品的评分预测值。“邻居”是指与该消费者的偏好相似的其他用户，可以通过多种不同的相似度测度计算得到。该方法可以表示为：

$$r_{cs}^{CF}=\bar{r}_c+\frac{\sum_{u\in N_{cs}} sim(c, u)\cdot(r_{us}-\bar{r}_u)}{\sum_{u\in N_{cs}} sim(c, u)}$$

其中，$N_{cs}=\{u\in N_c \mid r_{us}\neq\emptyset\}$ 是消费者 c 的所有邻居中对

商品 s 有评分的那部分用户的集合；$\bar{r}_c$ 和 $\bar{r}_u$ 分别表示消费者 c 和 u 的历史平均评分值；sim（c，u）是这两个消费者之间的相似度，可以通过皮尔森相关系数、夹角余弦或者欧氏距离计算得到。

矩阵分解是实现隐语义模型的最经典方法，其核心思想是认为用户的兴趣只受少数几个因素的影响，因此对消费者-商品的稀疏且高维的评分矩阵分解为两个低维子矩阵，分别表示商品潜在特征以及用户对各个潜在特征的潜在偏好。这两个子矩阵共享一个维度为 f 的潜在因子空间，即每个商品 s 可以表示为一个维度为 f 的向量 $\vec{q}_s \in \mathbb{R}^f$，每个消费者 c 表示为向量 $\vec{q}_s \in \mathbb{R}^f$，体现了该消费者对每个潜在商品维度的偏好程度。因此，根据以上矩阵分解的结果，便可以通过求解消费者向量和商品向量的内积得到对未知评分的预测值。该预测值反映了消费者对商品各个特征的总体偏好，表示为：

$$r_{cs}^{CF} = \vec{q}_s^{\,T} \cdot \vec{p}_c$$

在推荐系统的效果评估方面，通常使用均方根误差（Root Mean Square Error，RMSE）、平均绝对误差（Mean Absolute Error，MAE）等标准[132,133]来衡量推荐的准确性，即表示用户的真实评分值（r_{cs}）和推荐系统给出的预测评分值（r_{cs}^{CF}）的误差的测度，其数据表达形式如下所示。绝大多数已有的关于推荐算法的技术研究都致力于通过最小化均方根误差/平均绝对误差来提高预测的准确率。

$$RMSE = \sqrt{\frac{\sum_{c \in C, s \in S} (r_{cs} - r_{cs}^{CF})^2}{N}}$$

$$RMAE = \frac{\sum_{c \in C, s \in S} | r_{cs} - r_{cs}^{CF} |}{N}$$

本章内容在协同过滤得到预测评分的基础上，提出一种后处理的两阶段方法，通过对每个预测值的不确定性建模，修正产品的个性化排序结果，提高推荐的准确率。具体地，从文献中对预测值不确定性的研究出发，本方法考虑了两个关键因素来对不确定性建模，即评分值的后验概率分布信息和预测值的置信程度信息。下面分别介绍。

3.2 预测不确定性的关键因素

1. 概率分布信息

在已知消费者 c 对商品 s 的评分预测值的条件下，其真实值服从一定的概率分布，并且该概率分布信息可以通过历史评分数据和预测数据计算得到，即 Pr（$r_{cs}=r \mid r_{cs}^{CF}$），$r \in R$。假设有一种完美的协同过滤算法 CF_1，其预测精度为 100%，则 CF_1 对应的概率分布应为 Pr（$r_{cs}=r_{cs}^{CF} \mid r_{cs}^{CF}$）$=1$，Pr（$r_{cs}=r \mid r_{cs}^{CF}$）$=0$，$r \neq r_{cs}^{CF}$，即所有的预测值和真实值都相等，此时该算法的不确定性为 0。然而，对于任何一种协同过滤算法来说，都不可能达到 100% 的预测精度，也就说明了始终有不确定性的存在。例如，图 3.2 展示了在 MovieLens 数据集上利用矩阵分解方法得到的预测值的后验概率分布。从图中可以看出，在不同的预测值下，真实值服从不同的概率分布。当预测值为 1 时，对应的真实值也为 1 的概率分布值为 Pr（$r_{cs}=1 \mid r_{cs}^{CF}=1$）$=0.72$；当预测值为 2 时，对应的预测准确（即，真实值也为 2）的概率值为 Pr（$r_{cs}=2 \mid r_{cs}^{CF}=2$）$=0.32$。这些概率分布信息在一定程度上反映了预测值的不确定性，也反映了协同过滤算法的推荐质量。因此，这里将评分预测值的后验概率分布信息作为描述预测值不确定性的关键因素之一。

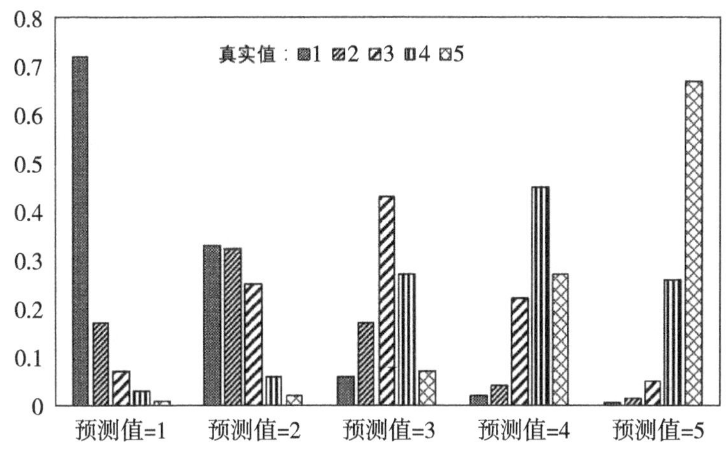

图 3.2　不同预测得分下的后验概率

（以矩阵分解在 MovieLens 上的预测结果为例）

2. 预测值的置信程度信息

由于协同过滤方法在预测过程中依据的数据的规模、质量不同，使得每个预测值的可信度不同，这一指标可以用置信度（confidence）来衡量。从消费者的角度出发，预测值的置信程度可以理解为该预测值有多大可能性是准确的，以及我们在多大程度上可以信任此次的预测和推荐[12,16]。这意味着，即使两个相同的预测得分，其置信程度仍然可能相差很大，这取决于每个预测值的计算过程。例如，在基于用户的最近邻方法中，消费者 c 对未知商品 s 的预测得分是依据 c 的“邻居”对此商品的评分计算得到的。直观来看，这些“邻居”的评分数据会影响该预测值的准确程度——商品 s 被评价的数量越多，以及这些评分的一致性越高，则基于此得到的预测结果越准确。为更清晰地解释这一关系，表 3.1 给出了一个示例，其展示了置信度水平（计算置信度的方法在后面章节中详细介绍）与预测准确率之间的关系：低置信度对应低预测准确率，高置信度对应高预测准确率，其中表格中的 RMSE 指均方根误差，MAE 指平均绝对误差，是衡量预测准确率的经典指标。RMSE/MAE 越高，说明预测的准确率越低，即对应的预测过程的不确定性越高。因此，这里将置信程度信息作为描述预测值不确定性信息的另一个关键因素。

表 3.1　置信度水平与预测准确率的关系

数据子集名称	置信度水平	RMSE	MAE
lowConfSets	低	0.994	0.785
ranConfSets	中	0.906	0.711
highConfSets	高	0.886	0.683

3.3　对不确定性建模的二阶段方法

通过分别计算以上两个关键因素，可以对预测值的不确定性建模，构成了二阶段建模过程，如图 3.3 所示。具体地，在阶段一中，利用训练集合中已有的历史数据（消费者 c，商品 s，以及真实评分值 r_{cs}）和协同过滤（此处可以选择不同的协同过滤方法）得到的预测评分值（r_{cs}^{CF}）两部分信息计算每个预测值对应的“置信度”，记作 $conf_{r_{cs}^{CF}}$。在阶段二中，首先对置信度进行离散化，得到离散取值的置信度水平 $disConf_{r_{cs}^{CF}}$，之后在此基础上计算每个离散置信度水平下的后验概率分布，即 Pr（$r_{cs}=r \mid r_{cs}^{CF}$，$disConf_{r_{cs}^{CF}}$），这一过程通过贝叶斯公式计算得到。下面分别介绍两个阶段中的关键步骤：置信度估计和后验概率估计。

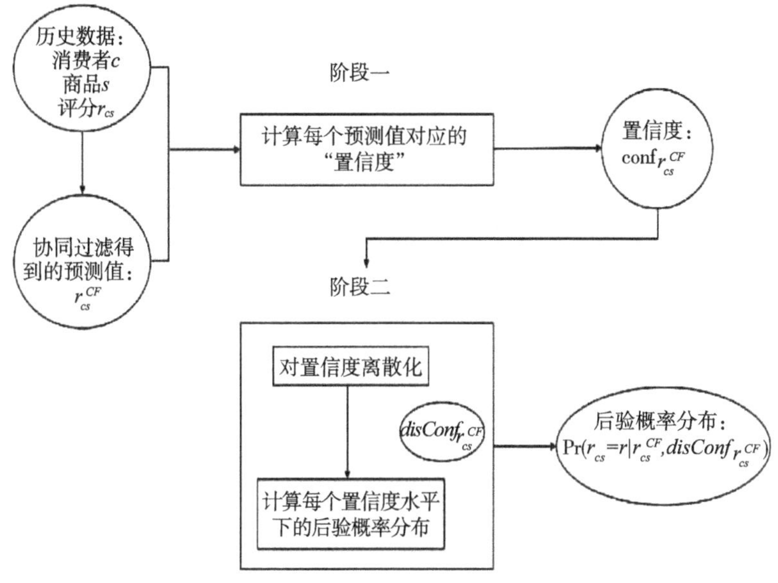

图 3.3 二阶段不确定性建模过程

3.3.1 置信度估计

一般来说，置信度被定义成一个标量，和每个预测值一一对应，即可以记作（r_{cs}^{CF}，$conf_{r_{cs}^{CF}}$）[56]。在经典的协同过滤方法（如最近邻方法或者矩阵分解方法）中，预测值的计算依赖于三种类型的数据：与消费者相关的数据、与商品相关的数据、与历史评分相关的数据。因此，每个预测值的置信度也可以通过分析这三种类型的数据得到。通过借鉴并改进已有文献中计算置信度的方法，这里提出了一种新的置信度计算方法，该方法综合考虑多种数据类型的特点，从而更全面地对不确定性建模。

概括来说，该方法首先识别影响预测值置信度的主要因子，然后对每个因子定义它的部分置信度以及所占的权重，最后将各个部分置信度综合在一起。如果当因子的值增大时，置信度也随之增大，则称为正因子，否则称为负因子。

第一个影响预测值置信度的因子是消费者 c 的历史评分数量，即 $|I_c|$，其中 I_c 表示消费者 c 的全部评分数据集合。由于评分数量越多，越容易推断消费者 c 的偏好，从而预测值 r_{cs}^{CF} 的可信程度越高，因此 $|I_c|$ 是一个正因子。其部分置信度可以定义为以下增函数：

$$f_1(I_c) = 1 - \frac{\bar{c}}{\bar{c} + |I_c|}$$

其中 $\bar{c}$ 是整个数据集中所有 $|I_c|$ $(c \in C)$ 取值的中位数，即 $\bar{c}$ 是一个常数，其作用是对 $|I_c|$ 进行标准化。

第二个因子是商品 s 得到的所有评分数量，即 $|I_s|$，其中 I_s 表示商品得到的全部评分数据集合。类似地，$|I_s|$ 也是一个正因子，其部分置信度定义为：

$$f_2(I_s) = 1 - \frac{\bar{s}}{\bar{s} + |I_s|}$$

其中 $\bar{s}$ 是整个数据集中所有 $|I_s|$ $(s \in S)$ 取值的中位数，即 $\bar{s}$ 是一个常数，其作用是对 $|I_s|$ 进行标准化。

第三个因子是商品 s 得到的所有评分的标准差，记作 $stdev(I_s)$。标准差越大，说明消费者对商品 s 的评分值的不一致性越高，从而预测的置信度越低。因此，该因子是一个负因子，其部分置信度定义为如下减函数：

$$f_3(stdev(I_s)) = \frac{max - stdev(I_s)}{max - min}$$

其中 max 和 min 分别是整个数据集中所有 $stdev(I_s)$ $(s \in S)$ 值的最大值和最小值，都是常数，在选定数据集后是固定不变的。

在识别影响置信度的因子并定义了每个因子的部分置信度后，接下来需要确定其分别对应的权重。对于第一个和第二个因

子，由于其独立于其他因子，权重可以认为是常数1。而对于第三个因子来说，当 $|I_s|=1$ 时，$stdev(I_s)=0$，实际上 $stdev(I_s)$ 很大程度上依赖于 $|I_s|$ 的结果，即评分数量越少时，其标准差也可能越低。因此，只有当 $|I_s|$ 较大时（也就是 $f_2(I_s)$ 较大时），$stdev(I_s)$ 的结果才更能真实地反映预测值不确定性，对应的加权后的值应该较大。由于 $f_3(stdev(I_s))$ 是处于 $[0,1]$ 的小数，其指数函数为减函数。因此，这里将 $stdev(I_s)$ 因子的权重定义为 $1-f_2(I_s)$。也就是说，当评分数量（$|I_s|$）较少时，$1-f_2(I_s)$ 较大，则同样的 $f_3(stdev(I_s))$ 取值在加权后会变小。最后，置信度可以定义为以上三个因子的几何平均数：

$$conf_{r_{cs}^{CF}}=\left[f_1(I_c)\cdot f_2(I_s)\cdot f_3(stdev(I_s))^{1-f_2(I_s)}\right]^{\frac{1}{1+f_2(I_s)}}$$

利用上述置信度估计方法，推荐系统便可以在为每个消费者推荐商品时提供两个值：(1) 协同过滤方法计算得到的预测值，体现了消费者对该商品的可能偏好，以及 (2) 该预测值的置信度，体现了在多大程度上该预测值是准确的。

3.3.2　后验概率估计

正如3.3小节中所说，已知预测值的条件下，其后验概率分布信息可以表示为 $\Pr(r_{cs}=r\mid r_{cs}^{CF})$，$r\in R$。进一步地，由于每个预测值 r_{cs}^{CF} 都有相应的置信度 $conf_{r_{cs}^{CF}}$，不同置信度下的后验概率分布也不同，即 $\Pr(r_{cs}=r\mid r_{cs}^{CF},conf_{r_{cs}^{CF}})$，$r\in R$，这一分布信息可以通过贝叶斯公式计算得到。贝叶斯定理是在先验概率的基础上，考虑观测到的实际数据，对其进行调整，得到后验概率。在本问题中，在得到观测数据（即协同过滤计算得到的预测值 r_{cs}^{CF}，及其相应的置信度 $conf_{r_{cs}^{CF}}$）之前，消费者对商品的评分 r_{cs} 对应的先验分布记为 $\Pr(r_{cs}=r)$。观测的数据 $(r_{cs}^{CF},conf_{r_{cs}^{CF}})$ 带来的效果

可以通过条件概率 $\Pr(r_{cs}^{CF}, conf_{r_{cs}^{CF}} \mid r_{cs}=r)$ 表示，通过贝叶斯公式，便可以计算得到反映 r_{cs} 预测不确定性的后验概率：

$$\Pr(r_{cs}=r \mid r_{cs}^{CF}, conf_{r_{cs}^{CF}}) = \frac{\Pr(r_{cs}=r) \cdot \Pr(r_{cs}^{CF}, conf_{r_{cs}^{CF}} \mid r_{cs}=r)}{\sum_{r \in R} \Pr(r_{cs}=r) \cdot \Pr(r_{cs}^{CF}, conf_{r_{cs}^{CF}} \mid r_{cs}=r)}$$

具体地，①$\Pr(r_{cs}=r)$ 是训练数据集中的真实评分的概率分布，可以通过基本的统计信息得到。例如，假设训练数据集中共有消费者对商品的评分数据 1000 个，其中评分为“1”的有 170 个，评分为“2”的有 90 个，评分为“3”的有 220 个，评分为“4”的有 240 个，评分为“5”的有 280 个。则对于 r_{cs} 的每一个取值的先验概率分别为 $\Pr(r_{cs}=1)=0.17$，$\Pr(r_{cs}=2)=0.09$，$\Pr(r_{cs}=3)=0.22$，$\Pr(r_{cs}=4)=0.24$，$\Pr(r_{cs}=5)=0.28$。②观测数据 $\Pr(r_{cs}^{CF}, conf_{r_{cs}^{CF}} \mid r_{cs}=r)$ 是通过分别由协同过滤方法和置信度估计方法计算得到的预测值和置信度计算而来。例如，假设在上例中 170 个真实评分为‘1’的数据有 20 个的预测值为 2，并且对应的置信度均为 4，则根据这些观测便可以得到概率值 $\Pr(r_{cs}^{CF}=2, conf_{r_{cs}^{CF}}=4 \mid r_{cs}=1)=\frac{20}{170}=0.118$。最后，后验概率分布可以通过贝叶斯公式计算得出。

通过贝叶斯公式计算后，便将置信度信息与后验概率有机地结合在一起，从而使得评分概率分布进一步细化，即从 $\Pr(r_{cs}=r \mid r_{cs}^{CF})$ 到 $\Pr(r_{cs}=r \mid r_{cs}^{CF}, conf_{r_{cs}^{CF}})$。图 3.4 展示了评分概率分布信息细化过程的示意图，其中置信度取 {1, 2, 3, 4, 5} 的离散值。从图中可以看出，随着置信度水平的提高，预测的准确率也在提高，即 $\Pr(r_{cs}=r \mid r_{cs}^{CF}, conf_{r_{cs}^{CF}})$ 随着 $conf_{r_{cs}^{CF}}$ 取值的增大而增大，图中对应的列用加粗的字体标出。例如，当评分预测值为 5 时，预测准确（即真实值也为 5）的概率在从低到高置信度水平下（$conf_{r_{cs}^{CF}}=1, 2, 3, 4, 5$）分别是 Pr = 0.513，0.587，0.641，0.689，0.714。

此外，由于在阶段一中计算得到的置信度是连续值，穷尽所有置信度的取值并计算得到其对应的概率分布 Pr（$r_{cs}=r\mid r_{cs}^{CF}$，$conf_{r_{cs}^{CF}}$），$r\in R$ 是不可能的，因此需要对置信度 $conf_{r_{cs}^{CF}}$ 进一步地标准化和离散化。为保证方法的鲁棒性，这里分别采用了两种离散化方法。

第一，最小值 - 最大值标准化方法（Min - max Discretization）。本方法是首先标准化，通过线性变换将原始数据集合 $\{v\mid v\in V\}$ 映射到新的范围［a，b］中，然后选择几个临界点将数据离散化为 N 个取值。具体的映射过程可以描述为：

$$v'=a+\frac{(v-min_v)\cdot(b-a)}{max_v-min_v}$$

其中 min_v 和 max_v 分别是原始数据集 V 中的最小值和最大值，v对应数据点 v 标准化后的值。

第二，分位点离散化方法（Quantile Discretization）。以十分位点为例，此方法是将原始数据集合基于十分位数划分成 10 个相等大小的子集。例如，假设原始集合中共包含 1000 个置信度的值，需要离散化成 10 个不同置信度水平。则基于十分位点划分后，第一个子集（对应置信度水平为 1）包括 100 个置信度取值最低的点，第十个子集（对应置信度水平为 10）包括 100 个置信度取值最高的点，以此类推。

采用上述某种离散化方法后，可以得到最终的后验概率分布，如下所示。该值从置信程度和后验概率分布两个方面反映了预测值的不确定性：

$$\Pr=(r_{cs}=r\mid r_{cs}^{CF},\ disConf_{r_{cs}^{CF}}),\ r\in R$$

其中 $disConf_{r_{cs}^{CF}}$ 表示离散化后的置信度。后验概率分布细化过程如图 3.4 所示。

$\Pr\left(r_{cs}=r \mid r_{cs}^{CF}\right), r\in R$

r_{cs}^{CF} \ r	1	2	3	4	5
1	0.74	0.18	0.06	0.01	0.01
2	0.33	0.33	0.25	0.07	0.02
3	0.08	0.18	0.38	0.01	0.08
4	0.02	0.05	0.21	0.43	0.29
5	0.00	0.01	0.06	0.27	0.66

$\Pr\left(r_{cs}=r \mid r_{cs}^{CF}, conf_{r_{cs}^{CF}}\right), r\in R$

$r_{cs}^{CF}, conf_{r_{cs}^{CF}}$	1	2	3	4	5
(1, 1)	**0.719**	0.191	0.022	0.034	0.034
(1, 2)	**0.753**	0.154	0.074	0.010	0.010
(1, 3)	**0.752**	0.177	0.054	0.015	0.002
(1, 4)	**0.746**	0.191	0.054	0.007	0.002
(1, 5)	**0.797**	0.108	0.095	0.000	0.000

$r_{cs}^{CF}, conf_{r_{cs}^{CF}}$	1	2	3	4	5
(2, 1)	0.347	**0.273**	0.247	0.102	0.031
(2, 2)	0.338	**0.303**	0.248	0.091	0.019
(2, 3)	0.333	**0.347**	0.244	0.062	0.014
(2, 4)	0.310	**0.365**	0.254	0.060	0.011
(2, 5)	0.292	**0.370**	0.249	0.072	0.016

$r_{cs}^{CF}, conf_{r_{cs}^{CF}}$	1	2	3	4	5
(3, 1)	0.117	0.189	**0.339**	0.263	0.093
(3, 2)	0.082	0.187	**0.367**	0.285	0.079
(3, 3)	0.072	0.180	**0.384**	0.287	0.077
(3, 4)	0.063	0.180	**0.406**	0.285	0.066
(3, 5)	0.050	0.164	**0.423**	0.297	0.067

$r_{cs}^{CF}, conf_{r_{cs}^{CF}}$	1	2	3	4	5
(4, 1)	0.036	0.083	0.252	**0.395**	0.233
(4, 2)	0.019	0.061	0.229	**0.427**	0.263
(4, 3)	0.014	0.046	0.209	**0.425**	0.305
(4, 4)	0.011	0.042	0.207	**0.443**	0.298
(4, 5)	0.008	0.033	0.190	**0.447**	0.322

$r_{cs}^{CF}, conf_{r_{cs}^{CF}}$	1	2	3	4	5
(5, 1)	0.011	0.025	0.115	0.336	**0.513**
(5, 2)	0.009	0.022	0.092	0.290	**0.587**
(5, 3)	0.005	0.011	0.063	0.279	**0.641**
(5, 4)	0.003	0.006	0.047	0.256	**0.689**
(5, 5)	0.001	0.008	0.038	0.238	**0.714**

图 3.4　后验概率分布细化过程示意图

3.4　考虑不确定性后的个性化推荐与排序方法

本节首先从商品推荐的目的出发提出了一个通用的商品个性化排序的框架，该框架的关键步骤在于估计每次将商品加入排序列表后给消费者带来的收益增量。具体地，可以采用多种不同的方法来估计这一收益增量，便可以形成适用于此框架的多种排序方法。然后利用上述二阶段方法对不确定性进行建模，提出了一种新的考虑不确定性后的排序方法（Ranking with Prediction Uncertainty，RPU），并且该方法适用于上述通用的排序框架。另一方面，传统的协同过滤方法（Ranking with Collaborative Filtering，RCF）对商品按照预测值从高到低进行排序，没有考虑预测值的不确定性，也属于该框架下的一类具体方法，因此可以作为和RPU 排序方法相比较的基准方法。

一般来说，商品排序机制的目的在于帮助消费者过滤掉大量的无用信息，更快速地找到自己喜爱的产品。由于消费者对商品的偏好程度可以通过评分体现出来，所以对于某个消费者来说，高评分的商品应该排在前面。形式上，假设商品集合为 S，对于消费者 c 来说，已经排好序的商品集合为 S_1，剩余未排序的商品构成集合 S_2。最开始，S_1 为空集，$S_2=S$。消费者 c 对每个商品的评分记作 r_{cs}，$s\in S$。在排序的过程中真实评分 r_{cs} 对于消费者来说是未知的，因为消费者只有在购买并体验过商品 s 后才会得知自己的真实偏好，给出评分。而这里所说的排序过程要先于用户的浏览和购买行为。因此，个性化排序的框架如下所述：

（1）对于同质性商品，消费者 c 一般会从推荐集合 S_1 中选择自己偏好水平最高的一个商品 s^* 来最大化自己的收益，其中 $s^*=\text{arg}max_{s\in S_1}(r_{cs})$ （$\text{arg}max_{x\in X}f(x)=\{x\mid \forall z\in X: f(z)\leq f(x)\}$）。

（2）基于上述准则，在排好序的商品列表 S_1 中每增加一个新的商品 S_i 都可能改变消费者的选择，假设其新的选择为 S^{**}，其中 $s^{**}=\text{arg}max_{s\in S_1\cup s_i}(r_{cs})$。因此，“推荐集合中增加商品 s_i”给消费者带来的收益增量表示为：

$$B(c,s_i\mid S_1)=B(c,s^{**})-B(c,s^*)=\max_{s\in S_1\cup s_i}(r_{cs})-\max_{s\in S_1}(r_{cs})$$

其中 B 表示收益。

（3）由于真实评分 r_{cs} 在排序过程中是未知的，因此不同的排序方法会对 $max_{s \in S_1}$（r_{cs}）作出不同的估计，即 $\mathbb{E}^M(max_{s \in S_1}(r_{cs}))$。所以消费者收益增量的估计值为：

$$\mathbb{E}^M(B(c, s_i | S_1)) = \mathbb{E}^M(\max_{s \in S_1 \cup s_i}(r_{cs})) - \mathbb{E}^M(\max_{s \in S_1}(r_{cs}))$$

其中 M 表示某种排序方法，在本节中 $M \in \{RPU, RCF\}$。

（4）对商品进行排序的准则在于每次从未排序的商品集合中选择一个产品加入到推荐列表时，最大化该消费者的收益增量[134]。也就是说，产品 s_i 的选择是基于以下公式：

$$s_i = \arg\max\ (\mathbb{E}^M(B\ (c,\ s_i\ |\ S_1))),\ s_i \in S_2$$

（5）在某些情况下，未排序集合中会有多个产品满足上述条件，记作 $S_{satisfy}$。此时，需要从中选择使得给消费者带来的单个收益最大的产品，即：

$$s_i = \arg\max\ (\mathbb{E}^M(B\ (c,\ s_i))),\ s_i \in S_{satisfy}$$

其中 $\mathbb{E}^M(B\ (c,\ s_i)) = \mathbb{E}^M(r_{cs_i})$。

至此，上述步骤便给出了个性化排序中每一步如何选择商品加入到推荐列表的一般框架，如表 3.2 所示。在此基础上，这里进一步提出考虑预测不确定性的具体排序方法 RPU。

表 3.2　个性化排序框架

1	最开始 $S_1=\emptyset$，$S_2=S$。对于消费者 c 来说，选择商品 s_1 以最大化收益，即 $s_1=\arg\ max\ (\mathbb{E}^M(B\ (c,\ s_1)))$，$s_1\in S$。然后分别更新已排序和未排序的商品集合：$S_1=\{s_1\}$，$S_2=S-\{s_1\}$。
2	从未排序的商品集合中选择 s_i，使得推荐列表中加入该商品后消费者 c 的收益增量最大，即 $s_i=\arg\ max\ (\mathbb{E}^M(B\ (c,\ s_i\mid S_1)))$，$s_i\in S_2$。
3	如果存在多个商品满足上述条件，即 $s_i\in S_{satisfy}$，则从中选择给消费者带来的单个收益最大的产品： $s_i=\arg max\ (\mathbb{E}^M(B\ (c,\ s_i)))$，$s_i\in S_{satisfy}$
4	分别更新已排序和未排序的商品集合：$S_1=S_1\cup\{s_i\}$，$S_2=S_2-\{s_i\}$。
5	重复步骤（2-4），直至 $S_2=\emptyset$。

如上所述，排序的关键步骤在于对收益增量 $\mathbb{E}^M(B\ (c,\ s_i\mid S_1))$ 和单个收益 $\mathbb{E}^M(B\ (c,\ s_i))$ 的准确估计。在没有任何外在约束的条件下，r_{cs} 可以看作是独立同分布的变量。依据基本的概率知识，有：

$$\max_{s\in S}(r_{cs})=\sum_{r\in R}\Pr(\max_{s\in S}(r_{cs})\geq r)=\sum_{r\in R}(1-\prod_{s\in S}\Pr(r_{cs}<r))$$

上述公式的核心部分在于计算得到概率 $\Pr\ (r_{cs}<r)$，正如 3.3 中所说，先验概率 $\Pr\ (r_{cs}<r)$ 可以通过对训练数据集的基本统计计算得到。同时，根据协同过滤方法得到的预测值 r_{cs}^{CF} 和其对应的置信度水平 $disConf_{r_{cs}^{CF}}$，可以根据贝叶斯定理计算得到后验概率分布值 $\Pr\ (r_{cs}<r\mid r_{cs}^{CF},\ disConf_{r_{cs}^{CF}})$。因此，在 RPU 方法中，对收益增量和单个收益的估计值为：

$$\begin{aligned}
&\mathbb{E}^{RPU}(B\ (c,\ s_i\mid S_1))\\
&=\sum_{r\in R}\ (1-\prod_{s\in S\cup s_i}\Pr\ (r_{cs}<r\mid r_{cs}^{CF},\ disConf_{r_{cs}^{CF}}))\ -\\
&\quad\sum_{r\in R}\ (1-\prod_{s\in S_1}\Pr\ (r_{cs}<r\mid r_{cs}^{CF},\ disConf_{r_{cs}^{CF}}))\\
&=\sum_{r\in R}\ (\prod_{s\in S_1}\Pr\ (r_{cs}<r\mid r_{cs}^{CF},\ disConf_{r_{cs}^{CF}})\ -\\
&\quad\prod_{s\in S\cup s_i}\Pr\ (r_{cs}<r\mid r_{cs}^{CF},\ disConf_{r_{cs}^{CF}}))
\end{aligned}$$

和

$$\mathbb{E}^{RPU}(B(c,s_i)) = \sum_{r \in R}(1 - \Pr(r_{cs_i} < r \mid r_{cs_i}^{CF}, disConf_{r_{cs_i}^{CF}}))$$

表 3. 3 总结了 RPU 方法的基本步骤。

表 3. 3 RPU 排序方法步骤

1	选择一个合格的协同过滤算法来预测消费者对商品的评分，即 r_{cs}^{CF}，作为真实评分 r_{cs} 的预测值。
2	利用二阶段方法对预测值的不确定性建模： 1）使用置信度估计方法计算每个预测值的置信程度：$(r_{cs}^{CF}, conf_{r_{cs}^{CF}})$。 2）对置信度离散化并根据贝叶斯定理计算每个预测值和置信度下的后验评分概率分布：$\Pr(r_{cs} = r \mid r_{cs}^{CF}, disConf_{r_{cs}^{CF}})$，$r \in R$。
3	根据表 3. 2 所列出的排序框架对商品进行个性化排序，其中 $\mathbb{E}^{RPU}(B(c, s_i \mid S_1))$ 和 $\mathbb{E}^{RPU}(B(c, s_i))$ 是考虑不确定性后的消费者收益增量和单个产品收益。

值得一提的是，本节提出的排序框架也适用于传统的协同过滤排序方法（RCF），此时对收益增量和单个产品的收益的估计分别是：

$$\begin{aligned}\mathbb{E}^{RCF}(B(c,s_i \mid S_1)) &= \mathbb{E}^{RCF}(\max_{s \in S_1 \cup s_i}(r_{cs})) - \mathbb{E}^{RCF}(\max_{s \in S_1}(r_{cs})) \\ &= \max_{s \in S_1 \cup s_i}(r_{cs}^{CF}) - \max_{s \in S_1}(r_{cs}^{CF})\end{aligned}$$

和

$$\mathbb{E}^{RCF}(B(c, s_i)) = \mathbb{E}^{RCF}(r_{cs_i}) = r_{cs_i}^{CF}$$

从上式可以看出，RCF 利用单点预测值中的最大值作为集合最大值的期望，忽略了预测值的不确定性。在此方法中，单个商品给消费者带来的收益等于其预测值。因此，依照本节提出的一般框架，第一步将把单个收益最大（即预测值最高）的商品排在第一位，即 $s_1 = \arg max(r_{cs}^{CF})$，$s_1 \in S$。在第二步中，由于满足 $max_{s \in S_1 \cup s_i}(r_{cs}^{CF}) = max_{s \in S_1}(r_{cs}^{CF})$，未排序集合中任何一个商品都

满足条件 $s_i = \arg\ max\ (max_{s \in S_1 \cup s_i}\ (r_{cs}^{CF})\ - max_{s \in S_1}\ (r_{cs}^{CF}),\ s_i \in S_2)$。也就是说，在整个排序过程中都有 $S_{satisfy} = S_2$。因此在利用 RCF 排序时相当于跳过步骤二，每次从未排序集合中选择单个收益（即，预测值 r_{cs}^{CF}）最大的商品，即 $S_i = \arg\ max\ (r_{cs}^{CF}),\ s_i \in S_2$，直至 $S_2 = \emptyset$。

3.5　推荐方法在电影产品上的数据分析

传统的协同过滤方法（RCF）对商品按照预测值从高到低进行排序，没有考虑预测值的不确定性，可以作为和 RPU 排序方法相比较的基准方法。为验证新提出排序方法 RPU 的有效性，本节利用 MovieLens 电影评分数据集，将 RPU 与 RCF 对产品的个性化推荐和排序效果进行比较。值得注意的是，RPU 和 RCF 都各分别表示一类排序方法，而不是具体的某种算法。此外，正如表 3.3 所示，RPU 排序方法中步骤一利用了协同过滤算法的预测值，因此每一种 RCF 方法都对应着一种 RPU 方法。

本章实验中利用了 5 种不同的协同过滤方法作为基准，既包含了基于记忆的协同过滤，也包含了基于模型的协同过滤。协同过滤最经典的两类算法是最近邻方法和矩阵分解。因此，针对前者，这里选择了基于用户最近邻方法（User - based K - Nearest Neighbor, userKNN），其中“邻居”的数量设为 40，消费者之间的相似度利用皮尔森相关系数计算得到。针对后者，矩阵分解可以看作是奇异值分解（Singular Value Decomposition, SVD）[87] 的改进方法。进一步地，许多对于矩阵分解的变形和扩展方法也随后被提出，例如概率矩阵分解（Probabilistic Matrix Factorization, PMF）[92] 和贝叶斯概率矩阵分解（Bayesian Probabilistic Matrix Factorization, BPMF）[93]。因此，实验中采用这四种基于模型的协同过滤方法（即：SVD，MF，PMF，BPMF），其中潜在因子的维度设为 10。

在本节接下来的内容中，首先介绍实验用到的数据和对推荐效果的评价测度，之后展示所提出置信度估计方法的合理性，再比较 RCF 和 RPU 两类方法分别以 5 种协同过滤为基础的 Top - N 推荐和排序效果，最后还将对 RPU 方法的鲁棒性进行讨论。

3.5.1 数据描述

MovieLens 是一个用户对电影评分的数据集，共有 6040 个用户，3706 部电影和 1000209 个真实评分。评分范围是 1 到 5 的整数，即 $\{r_{cs} \in R \mid R = 1, 2, 3, 4, 5\}$。所有评分的平均值为 3.58，方差为 1.25。此外，用户给电影评分的数目的最小值和最大值分别为 20 和 2314；电影得到的评分数量的最小值和最大值分别为 1 和 3428。

在实验中，为了分别对排序算法训练以及对排序效果测试，数据集被划分为三个互不相交的子集，即 1/3 作为训练集 A（trainingA），1/3 作为训练集 B（trainingB），以及 1/3 作为测试集（test）。为了保证每个用户的评分在三个子集中都出现，从而能够利用训练集学习到每个用户的偏好，划分策略为将每个用户的评分随机分配到三个子集中，而非完全随机分配。划分后三个子集的数据量如表 3.4 所示。其中，trainingA 集合有两个目的：一是训练协同过滤模型，以得到 trainingB 集合和 test 集合中评分的预测值，二是计算这些预测值的置信度。之后，trainingB 集合便可以利用预测值和置信度训练得到后验概率分布值 Pr（$r_{cs} = r \mid r_{cs}^{CF}$，$disConf_{r_{cs}^{CF}}$）。最后，利用后验概率分布对 test 数据集合进行排序，并比较两类方法 RPU 和 RCF 的效果。为清楚地解释这一过程，图 3.5 给出了几个数据子集间的依赖关系，其中蓝色方框的变量表示从 trainingA 训练得到，红色方框的变量由 trainingB 训练得到。此外，我们在划分测试集和训练集时还使用了三折交叉验证，所得到的后续实验结果是一致的。

表 3.4　测试集与训练集的数据分布情况

	trainingA	trainingB	test
用户数量	6040	6040	6040
电影数量	3374	3369	3288
评分数量	337447	331381	331381

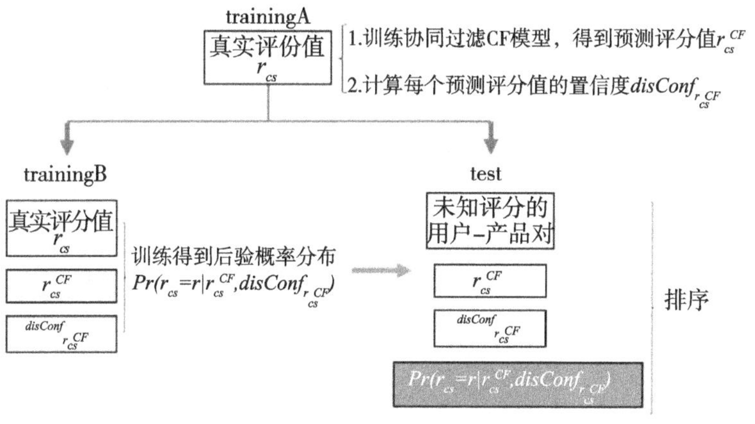

图 3.5　算法训练过程示意图

3.5.2　评价测度

由于选择了 5 种不同的协同过滤算法来生成预测值，所以比较排序效果时也对应着五组方法的比较，即 RCF（userKNN）和 RPU（userKNN），RCF（MF）和 RPU（MF），RCF（SVD）和 RPU（SVD），RCF（PMF）和 RPU（PMF），以及 RCF（BPMF）和 RPU（BPMF）。这里采用了多种测度来评估排序和推荐效果，首先，由于消费者通常无法考察全部商品，商品排序问题可以看作是一个 Top－N 的推荐问题。因此，信息检索领域中的经典测度如查准率（precision）和查全率（recall）可以用来评估 Top－N 的推荐效果。具体地，查准率和查全率在商品推荐情境下的定义如下。

$$\text{precision}=\frac{|\{relevant\}\cap\{recommendation\}|}{|\{recommendation\}|}$$

$$\text{recall}=\frac{|\{relevant\}\cap\{recommendation\}|}{|\{relevant\}|}$$

其中，消费者评分最高的那些商品（电影）被认为是与该消费者相关的集合，记作 $\{relevant\}$，$\{recommendation\}$ 是实验中的排序方法（RPU 或 RCF）生成的 Top－N 推荐集合。同时，为了比较整体的排序质量，还采用了标准化累计折扣增益（Normalized Cumulative Discounted Gain，nDCG）作为测度。具体来说，某个商品 s 与消费者 c 的相关度记作 rel_s，也就是该消费者对其的真实评分。DCG 测度的主要思想是如果高度相关的商品被排在了后面，则需要加上一个惩罚因子，即排在后面的商品的权重越低。具体地，在位置 p 处的累积 DCG 值定义为：

$$\text{DCG@}\,p=\sum_{i=1}^{p}\frac{2^{rel_i-1}}{\log_2(i+1)}$$

类似地，标准化后的 DCG 定义为：

$$\text{nDCG@}\,p=\frac{\text{DCG@}\,p}{\text{IDCG@}\,p}$$

其中，IDCG 是指理想排序效果下 DCG 的值，即将商品按照真实得分值排序，得到的最大 DCG 值。在 nDCG@ p 对排序效果评估时，取值越大说明排序效果越好，即越接近真实的用户偏好。

3.5.3 置信度估计方法的效果分析

置信度作为刻画预测不确定性的重要因素之一，本章提出的置信度估计方法能否准确的评估置信度在很大程度上会影响 RPU 方法的表现。因此，在展示推荐和排序效果的实验结果之前，我们首先验证置信度估计方法的合理性和有效性。也就是说，计算得到的置信度能否准确反映不确定性的不同水平。依据已有文献[56]，可以首先按照计算得到置信度水平将数据集中的预测值进行分组，然后通过比较各组预测误差的贝叶斯置信区间（Confidence Interval，CI）的方式来衡量一个置信度估计方法的好坏。

假设 P^{Test} 表示预测评分值构成的集合，C^{Test} 是使用此方法计算得到的对应的置信度构成的集合。将置信度值分成 K 个不同的水平（k＝1，2，…，K），这可以通过上文介绍的两种离散化手段实现。当置信度水平 k 取值越低时，对应的预测不确定性越高，则预测值便有更大的可能与真实值产生较大的偏差。根据这一思路，处于相同置信度水平的评分值被分到同一个集合内，共形成 K 个集合。在每个集合中，可以计算每个评分真实值（r_{cs}）和对应预测值（r_{cs}^{CF}）的偏差，记为 $error_{cs}$。之后，可以得到该集合内所有误差（error）分布的（1－α）贝叶斯置信区间，也就是说，（1－α）百分比的误差值都落在区间［min_{error}，max_{error}］内，其中 min_{error} 和 max_{error} 分别表示该集合内误差的最小值和最大值。

一个合格的置信度估计方法应该在置信度 k 取值较低时对应的误差区间较大，而置信度 k 较高时对应的误差区间较小。因此，我们进一步定义了“平均误差区间宽度”，即 $w=(max_{error}-min_{error})\div 2$。若 k 与 w 成负相关的关系，则可以认为该置信度估计方法是有效的。在实验中，我们设定 K＝5，α＝0.05，分别计算本文所提的置信度方法在 5 种协同过滤下的“平均误差区间宽度”，结果展示在表 3.5 中。可以看出，分别以 5 种协同过滤为基础，其预测值的平均误差区间宽度和置信度水平确实成负相关关系，验证了置信度估计方法的有效性。

表 3.5　不同置信度 k 下，平均误差区间宽度 w 的取值

置信度水平 k	userKNN	SVD	MF	PMF	BPMF
1	2.291	2.187	2.025	2.493	2.000
2	2.019	1.997	1.869	1.873	1.863
3	1.884	1.909	1.786	1.783	1.781
4	1.828	1.840	1.729	1.732	1.722
5	1.754	1.747	1.643	1.641	1.638

3.5.4　推荐和排序的效果分析

分别采用 5 种协同过滤方法，RCF 和 RPU 为每个用户生成个性化排序列表。对于 RPU 来说，采用了两种离散化方法（即最小值 - 最大值离散化和分位点离散化），并且离散化后的置信度设为 5 个水平（$disConf_{r_{cs}^{CF}}$ = {1，2，3，4，5}）。因此，在每种协同过滤算法下（userKNN，MF，SVD，PMF，BPMF），RCF 需要分别与两种离散化的 RPU 进行比较。下面我们分别比较两类方法在 Top - N 推荐和列表排序时的表现效果。

1. Top - N 推荐效果

图 3.6 展示了当推荐集合的大小 N 取不同值时（N = {1，2，…，20}），并且协同过滤算法使 userKNN 和 MF 时，两种排序方法的查准率（precision）和查全率（recall）。其中，位于第一排的两个图表示使用 userKNN 作为基准协同概率算法时，RCF 与 RPU 的比较结果。左图中 RPU 使用最小值 - 最大值离散化，右图中 RPU 使用分位点离散化方法。类似地，图 3.7 展示了当协同过滤算法分别采用 SVD，PMF，BPMF 时两种方法的推荐效果。查准率和查全率越高，说明推荐效果越好，从图中可以看出，在所有参数（包括 5 种协同过滤 法和 2 种离散化方

法）取值下，RPU 都要优于 RCF。同时，RPU 相对于 RCF 的效果的提高则根据所选取的协同过滤的不同而有所不同。当使 userKNN 来生成预测值时，RPU 相对于 RCF 的效果提升最多。这是因为其他四种基于模型的协同过滤算法都已经在一定程度上考虑了数据稀疏性造成的预测不准确的问题，从而预测效果均优于 userKNN，缩小了 RPU 进一步提升效果的空间。此外，为进一步说明 RPU 推荐效果的提升显著性，本文还做了成对样本的 T 检验（Paired t - test），如表 3.6 和表 3.7 所示。统计检验的 P - value 结果表明，在 5 种协同过滤基础方法和 2 种离散化方式下，RPU 的推荐结果的查全率和查准率都要显著高于 RCF。

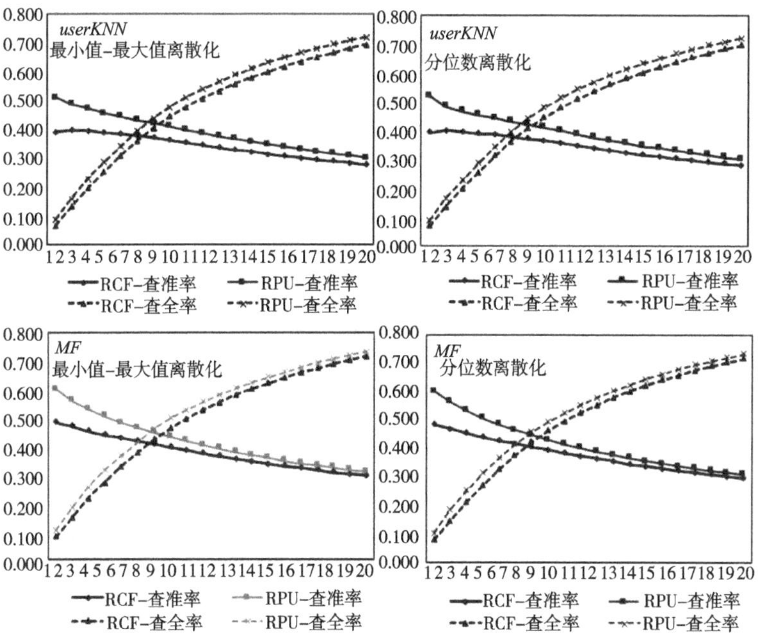

图 3.6　Top - N 推荐效果比较（协同过滤方法分别采用 userKNN 和 MF）

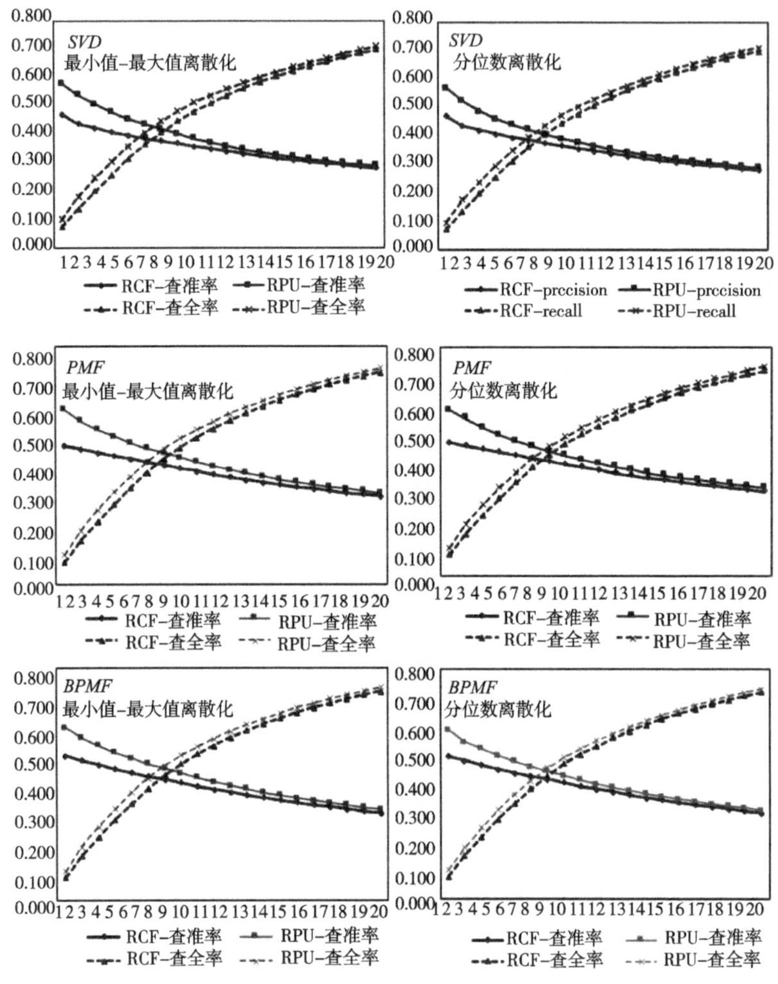

图 3.7　Top - N 推荐效果比较（协同过滤方法分别采用 SVD，PMF 和 BPMF）

表 3.6　几种推荐方法效果的成对 T 检验（RPU 采用最大值 - 最小值离散化）

假设	T 统计量	P - value	显著性
RPU（userKNN）的查准率 > RCF（userKNN）的查准率	8.748	2.17e - 08	***
RPU（userKNN）的查全率 > RCF（userKNN）的查全率	40.986	2.63e - 20	***
RPU（MF）的查准率 > RCF（MF）的查准率	6.079	3.80e - 06	***
RPU（MF）的查全率 > RCF（MF）的查全率	14.631	4.26e - 12	***
RPU（SVD）的查准率 > RCF（SVD）的查准率	4.812	6.06e - 05	***
RPU（SVD）的查全率 > RCF（SVD）的查全率	9.053	1.27e - 08	***
RPU（PMF）的查准率 > RCF（PMF）的查准率	5.570	1.13e - 05	***
RPU（PMF）的查准率 > RCF（PMF）的查准率	12.613	5.56e - 11	***
RPU（BPMF）的查准率 > RCF（BPMF）的查准率	6.173	3.12e - 06	***
RPU（BPMF）的查准率 > RCF（BPMF）的查准率	12.538	6.15e - 11	***

表 3.7　几种推荐方法效果的成对 T 检验（RPU 采用分位点离散化）

假设	T 统计量	P - value	显著性
RPU（userKNN）的查准率 > RCF（userKNN）的查准率	8.108	6.86e - 08	***
RPU（userKNN）的查全率 > RCF（userKNN）的查全率	35.529	3.84e - 19	***
RPU（MF）的查准率 > RCF（MF）的查准率	5.813	6.69e - 06	***
RPU（MF）的查全率 > RCF（MF）的查全率	14.458	5.25e - 12	***

续表

假设	T 统计量	P - value	显著性
RPU（SVD）的查准率 > RCF（SVD）的查准率	4.774	6.60e - 05	***
RPU（SVD）的查全率 > RCF（SVD）的查全率	10.611	1.00e - 09	***
RPU（PMF）的查准率 > RCF（PMF）的查准率	5.371	1.75e - 05	***
RPU（PMF）的查准率 > RCF（PMF）的查准率	13.323	2.17e - 11	***
RPU（BPMF）的查准率 > RCF（BPMF）的查准率	5.392	1.67e - 05	***
RPU（BPMF）的查准率 > RCF（BPMF）的查准率	11.883	1.53e - 10	***

2. 排序效果

采用 nDCG@ p 评估对整个商品列表的排序效果时，我们选取商品所处的位置分别为 p = {1，2，…，10}。表 3.8 和表 3.9 分别展示了 RPU 采用最小值 - 最大值离散化方法和分位点离散化方法时的排序结果。类似地，在任何一种协同过滤方法下，RPU 排序方法的 nDCG@ p 值都要显著大于 RCF 排序方法的 nDCG@ p 值，说明了 RPU 的有效性和鲁棒性。

以上实验结果说明了在不同的参数设定和评估测度下，考虑预测值不确定性的排序方法（即 RPU）均优于不考虑不确定性的排序方法（即 RCF）。进一步地，我们还发现当采用基于模型的协同过滤算法（MF，SVD，PMF，BPMF）时，RPU 和 RCF 的排序效果都比采用基于记忆的协同过滤算法（userKNN）时对应的排序效果好。例如，在最小值 - 最大值离散化方法下，RCF（MF）和 RPU（MF）的 nDCG@ 1 值分别为 0.677 和 0.759，而 RCF（userKNN）和 RPU（userKNN）则分别是 0.602 和 0.693。这一结果与推荐系统相关文献中的研究结论一致，由于矩阵分解方法在一定程度上考虑了数据稀疏性问题，因而使得预测准确率普遍高于最近邻方法［23］。为了进一步验证 RPU 方法的鲁棒性，实验中还比较了当离散化后的置信度设为 10 个水平（$disConfr_{cs}^{CF}$ = ｛1，2，…，10｝时，RPU 和 RCF 各自的排序效果。重复上述实验步骤后得到了与上述一致的结论。

表 3.8 两种方法排序的 nDCG@ p 值（RPU 采用最小值 – 最大值离散化）

P	userKNN		MF		SVD		PMF		BPMF	
	RCF	*RPU*	*RCF*	*RPU*	*RCF*	*RPU*	*RCF*	*RPU*	*RCF*	*RPU*
1	0.602	0.693	0.677	0.759	0.664	0.743	0.666	0.752	0.688	0.756
2	0.614	0.689	0.677	0.746	0.654	0.730	0.668	0.739	0.688	0.747
3	0.623	0.691	0.679	0.742	0.654	0.723	0.671	0.734	0.690	0.743
4	0.632	0.693	0.683	0.740	0.658	0.720	0.677	0.733	0.694	0.743
5	0.643	0.700	0.690	0.741	0.665	0.721	0.684	0.734	0.700	0.746
6	0.654	0.708	0.697	0.746	0.673	0.725	0.692	0.739	0.708	0.750
7	0.664	0.716	0.706	0.751	0.681	0.729	0.701	0.744	0.716	0.755
8	0.674	0.723	0.713	0.756	0.689	0.733	0.709	0.748	0.723	0.760
9	0.682	0.730	0.720	0.760	0.696	0.737	0.716	0.753	0.729	0.764
10	0.690	0.736	0.726	0.764	0.703	0.741	0.722	0.757	0.735	0.768

表 3.9 两种方法排序的 nDCG@ p 值（RPU 采用分位数离散化）

P	userKNN		MF		SVD		PMF		BPMF	
	RCF	*RPU*	*RCF*	*RPU*	*RCF*	*RPU*	*RCF*	*RPU*	*RCF*	*RPU*
1	0.602	0.698	0.677	0.758	0.664	0.734	0.666	0.744	0.688	0.753
2	0.614	0.687	0.677	0.748	0.654	0.719	0.668	0.737	0.688	0.740
3	0.623	0.687	0.679	0.743	0.654	0.711	0.671	0.731	0.690	0.736
4	0.632	0.692	0.683	0.742	0.658	0.708	0.677	0.729	0.694	0.736
5	0.643	0.698	0.690	0.743	0.665	0.710	0.684	0.730	0.700	0.738
6	0.654	0.707	0.697	0.746	0.673	0.715	0.692	0.735	0.708	0.743

续表

P	userKNN		MF		SVD		PMF		BPMF	
	RCF	*RPU*	*RCF*	*RPU*	*RCF*	*RPU*	*RCF*	*RPU*	*RCF*	*RPU*
7	0. 664	0. 715	0. 706	0. 751	0. 681	0. 719	0. 701	0. 740	0. 716	0. 749
8	0. 674	0. 722	0. 713	0. 754	0. 689	0. 724	0. 709	0. 744	0. 723	0. 754
9	0. 682	0. 729	0. 720	0. 759	0. 696	0. 729	0. 716	0. 749	0. 729	0. 758
10	0. 690	0. 735	0. 726	0. 763	0. 703	0. 734	0. 722	0. 754	0. 735	0. 763

3. 5. 5 数据稀疏性与方法效率讨论

数据稀疏性和算法可扩展性是个性化推荐方法经常面临的两个问题，一方面平台上用户和商品数量规模不断扩大，另一方面两个用户之间选择的重叠又非常少，造成评分矩阵非常稀疏。能否在大规模和稀疏数据上取得良好的推荐效果，是限制方法应用的重要制约因素。因此，本节又进一步地检验了 RPU 法在稀疏数据上的表现及其效率问题。我们首先构造不同稀疏程度的数据集，再分别比较在这些数据集上的 RPU 排序效果。即，从原始训练集合中随机选择部分数据作为新的训练集，使得新的训练集合数据量分别为原始训练集的 100%，80%，60% 和 40%。百分比越小，说明数据稀疏性越高。以 RCF（BPMF）和 RPU（BPMF）为例（RPU 方法采用最小值 - 最大值离散化方法），使 nDCG@ p 评估二者在不同训练子集条件下的排序效果，结果如表 3. 10（数据量分别为原始数据的 100% 和 80%）和表 3. 11（数据量分别为原始数据的 60% 和 40%）所示。

表 3.10　不同训练子集下使用 nDCG@ p 作为测度的排序表现和改进率（a）

P	100%			80%		
	RCF	*RPU*	*IMP*	*RCF*	*RPU*	*IMP*
1	0.688	0.756	9.90%	0.670	0.745	11.17%
2	0.688	0.747	8.57%	0.675	0.737	9.31%
3	0.690	0.743	7.77%	0.678	0.734	8.22%
4	0.694	0.743	7.11%	0.681	0.733	7.58%
5	0.700	0.746	6.56%	0.689	0.737	6.84%
6	0.708	0.750	5.93%	0.697	0.742	6.43%
7	0.716	0.755	5.47%	0.706	0.747	5.72%
8	0.723	0.760	5.08%	0.714	0.751	5.25%
9	0.729	0.764	4.76%	0.721	0.756	4.88%
10	0.735	0.768	4.50%	0.727	0.760	4.58%

表 3.11　不同训练子集下使用 nDCG@ p 作为测度的排序表现和改进率（b）

P	60%			40%		
	RCF	*RPU*	*IMP*	*RCF*	*RPU*	*IMP*
1	0.662	0.739	11.70%	0.643	0.728	11.23%
2	0.662	0.729	10.16%	0.646	0.725	12.13%
3	0.664	0.724	9.00%	0.653	0.722	10.65%
4	0.670	0.724	8.07%	0.658	0.721	9.60%
5	0.678	0.726	7.13%	0.667	0.724	8.59%
6	0.686	0.731	6.64%	0.676	0.728	7.68%
7	0.694	0.736	6.04%	0.685	0.733	7.02%
8	0.702	0.741	5.59%	0.693	0.738	6.47%
9	0.709	0.747	5.30%	0.700	0.742	6.00%
10	0.716	0.751	4.94%	0.707	0.747	5.57%

为了更好地比较两种方法在不同稀疏性下的表现，我们通过改进率考虑二者的相对表现，改进率的计算方式为：

$$IMP = \frac{nDCG_{RPU(BPMF)} - nDCG_{RCF(BPMF)}}{nDCG_{RCF(BPMF)}} \times 100\%$$

从表3.10和3.11中可以看出，尽管RCF（BPMF）和RPU（BPMF）的排序效果都因为数据稀疏性增大而降低，但RPU（BPMF）相较于RCF（BPMF）的改进率却一直为正值，并且在p的所有取值下都是随着稀疏性增大而单调递增。以p=10为例，RCF（BPMF）在100%，80%，60%，40%数据集下的排序nDCG@10的结果分别为0.735，0.727，0.716，0.707，RPU（BPMF）对应的排序结果分别为0.768，0.760，0.751，0.747，均是由于稀疏数据造成的排序效果的降低。同时，RPU（BPMF）对于RCF（BPMF）的改进率分别对应4.50%，4.58%，4.94%，5.57%。这说明在处理稀疏数据时RPU的鲁棒性更好。

对于算法的可扩展性，假设消费者数量为m以及商品数量为n，则根据表3.2的排序步骤，RPU的计算复杂度为$O(mn^2)$。这是因为对于每个消费者来说，待排序的商品数量为n，需要n步来产生整个推荐列表，并且在每一步过程中，需要对每个商品计算其收益增量并选择最大的那一个，共造成n次计算。由于在实际的推荐系统中，商品数量要远小于消费者数量，所以这一计算复杂度是可以接受的。

3.6 本章小结

随着电商平台中数据量爆炸式的增长，消费者在浏览和考察商品时面临着信息过载的问题。作为一种个性化服务方式，推荐系统通过分析消费者行为记录来预测其偏好并给出产品的个性化排序结果，其中最经典的预测方法为协同过滤。然而，由于任何单点预测方法都存在不确定性，比如预测消费者对某个商品的偏好程度很高的时候可能由于数据稀疏造成该预测值的可信程度较低，导致直接按照预测值从高到低的排序方式并不能较好地反应消费者的真实偏好，造成推荐结果的准确率不高。而在已有的文献中还没有一种有效的方法能够从个体层面对每个预测评分的不确定性进行估计和量化，也没有合理地综合考虑不确定性和预测值对推荐和排序结果进一步优化。

针对上述问题，本章首先分析了推荐系统对同质产品的个性化排序中存在的预测值不确定性问题。本章从两个关键元素（后验概率分布信息和预测值的置信程度信息）入手，介绍了二阶段方法对不确定性建模，旨在在协同过滤预测方法的基础上进一步提产品排序效果。在这一过程中，我们首先从预测评分的计算过程出发定义了影响置信程度的正负因子，并通过几何平均得到最终置信度，随后利用贝叶斯公式计算得到后验概率分布值。为保证方法的鲁棒性，本章采用两种方法分别对置信度进行标准化和离散化，即最小值－最大值标准化方法和分位点离散化方法。

之后在排序过程中，首先根据推荐的目标提出了一个通用的个性化排序框架，然后进一步提出了考虑不确定性后的排序方法（RPU），该方法保证消费者在顺序浏览过程中获得的收益始终最大。由于传统的根据协同过滤预测值排序的方法（RCF）没有考虑不确定性，并且同样适用于该通用排序框架，我们在实验中比较了新提出的方法 RPU 与 RCF 的表现。实验结果表明，在所有的参数设定和评估测度下，本章介绍的方法都能够取得更好的 Top－N 推荐和排序效果，说明了不确定性的重要性。最后，本章还分别从稀疏数据和算法效率的角度对 RPU 方法的表现进行了讨论，验证了该方法的鲁棒性。

第四章　非同质产品推荐对消费者支付意愿的影响

近年来推荐集合的多样性已经成为衡量系统质量的另一个重要指标，此外营销实践也表明，互补的产品关系在推荐系统中也非常普遍，例如商家常使用捆绑推荐的方式以促进交叉销售。因此，本章从行为视角出发，探讨不同类型的推荐（即推荐互补品还是推荐替代品）对消费者支付意愿的影响。

推荐系统帮助消费者从海量信息中迅速找到可能感兴趣的商品，并且能够对消费者的浏览行为和购买行为产生显著的影响。例如，Netflix 网站 60% 的内容消费都是由推荐系统产生，Amazon 平台上 35% 的销售额也来源于推荐服务[118]。鉴于推荐服务与零售商的利润密切相关，一些学者开始探究推荐系统对消费者行为带来的影响，但以往文献中多关注推荐系统的存在与否会影响消费者对被推荐产品的偏好的变化[119,135]，而非将推荐产品作为情景因素进行讨论。例如 Adomavicius 等人[119]研究发现，当推荐系统展示的预测评分较高时，消费者对当前商品的真实评分也会比没有任何推荐信息时的真实评分有所升高，类似地，当展示的预测评分较低时，消费者对当前商品的的真实评分也会偏低。例如，假设某网站以三种不同的界面向用户展示某部电影的信息，如图 4.1 所示，从左到右分别为无推荐信息、高预测评分和低预测评分的三种界面，则消费者在浏览当前推送的信息后给出的真实评分会受到推荐信息的影响而造成三种不同的结果。

图 4.1　商品信息展示方式示例

然而在营销实践中，“推荐”还常常作为一种情境因素存在。例如，在亚马逊网站上，当消费者浏览某个商品的页面时，除主要商品（focal product）外，与之相关的其他产品作为推荐也会被展示在同一页面上。图 4.2 和图 4.3 分别展示了亚马逊网站当网页上的主要商品是“Dell Inspiron 15 i5558 - 5718SLV”时的共同购买和共同浏览推荐列表。在该场景下，消费者对“主要商品”的购买决策如支付意愿等是否会受到同时展示的“其他相关产品”的影响还未有定论。在线下的实体店购物环境中，一些研究讨论了同时展出的产品之间的相互影响[100]，但在线推荐环境下对该问题的分析和讨论还较少。

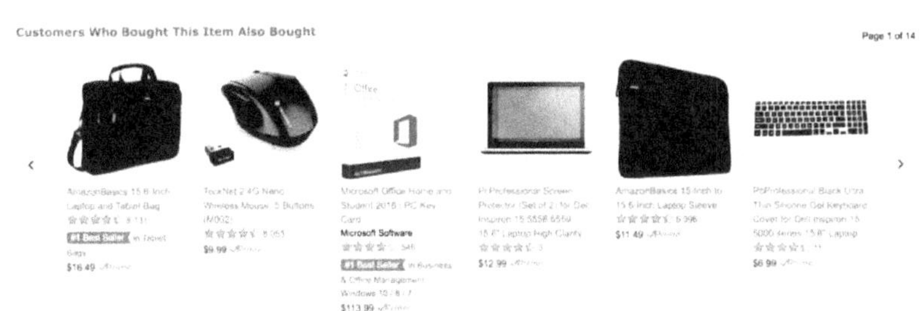

图 4.2　亚马逊共同购买产品推荐列表示例

What Other Items Do Customers Buy After Viewing This Item?

HP 15-ay011nr 15.6" Full-HD Laptop (6th Generation Core i5, 8GB RAM, 1TB HDD) with Windows 10
7
$459.99 Prime

Newest Dell Inspiron 15.6" Premium High Performance FHD 1080p Touchscreen Laptop, Intel Core i5 Processor, 8GB RAM, 1TB...
38
$535.00 Prime

ASUS F555LA-AB31 15.6-inch Full-HD Laptop (Core i3, 4GB RAM, 500GB HDD) with Windows 10
1,037
$369.99 Prime

Dell Inspiron i5559-4415SLV 15.6 Inch Touchscreen Laptop (Intel Core i5, 8 GB RAM, 1 TB HDD, Silver Matte) Intel Real...
77
$576.98 Prime

图 4.3　亚马逊共同浏览产品推荐列表示例

一般来说，推荐集合的“其他相关产品”可能会涉及多种不同的产品种类，根据其与“主要商品”的关系可以被划分为两大类：替代品和互补品[116]。替代品是指能带给消费者近似的满足度，并且具有能够相互替代的性质的几种商品；而互补品是指商品间的消费密切相关，相互之间互相影响对方的需求量。这两类产品关系在推荐中是极其常见的。例如，当消费者浏览某部手机的页面时，通常向他推荐其他配置或品牌的手机以期更好的满足其偏好（即，替代品），同时也可以推荐电池、手机充电器或外壳保护套等配件来促进交叉销售[108]（即，互补品）。已有研究表明，消费者在做出购买决策时会对不同类型或来源的信息加以区分[136]。经济学相关理论认为互补品由于有助于用户发现已有商品的附加价值而促进“主要商品”的需求量[100]。需求的上升引起市场价格随之上升，消费者有更高的支付意愿。然而，替代品的出现由于竞争关系的增强会使消费者对“主要商品”的需求下降，从而引起市场价格和消费者支付意愿都随之下降。尽管经济学文献中对于互补品和替代品已有较多讨论，但针对在线推荐环境中，二者所起到的不同作用的研究还是一个比较新的问题。

本章内容旨在探索不同类型的“其他相关产品”的推荐（即

互补品和替代品）如何影响消费者对“主要商品”的购买决策，以及被推荐商品的价格和消费者决策阶段在这一过程中起到了怎样的调节作用。被推荐商品的价格往往被消费者当作潜在的参考点而对支付意愿造成影响，同时互补品/替代品相互之间也存在固有的需求交叉价格弹性[103]，因此讨论产品价格与不同类型推荐的相互作用是极有意义的。此外，消费者在购物过程中倾向采用两阶段决策过程[137]，在阶段一浏览大量备选商品并选择一些作为候选商品集，阶段二仔细考察并比较候选商品集合中的商品并选出一个做出购买决策。Zheng 等人[8]研究发现，由于消费者在两个阶段时的购买目标不同，因此对两种类型推荐的偏好程度也不同。基于此，我们在本章内容中也将关注消费者决策阶段这一因素的调节作用。

4.1　推荐系统中的互补品与替代品介绍

严格来说，互补品（替代品）是指降低（提高）其中一个产品的价格会促进另一个产品的销量[100]。研究表明消费者的购买决策容易受到情境因素以及决策时的其他可选产品的影响[102]，因此，互补商品和替代商品之间都存在着显著的需求影响关系[103]。通常为了最大化销售利润，互为替代的两个商品应该分开展示，而互补商品则应该同时展示[104]。究其原因，是因为替代商品之间竞争性较强，一个产品可以替代另一个产品使用从而降低其销量，而互补品的出现则可能帮助消费者发现已有商品的新用途或附加价值[100]。

在线产品推荐的情境下，一个主要产品（focal product）通常会和系统推荐的其他相关产品共同展示给消费者，如亚马逊。因此，推荐机制使得产品之间形成一定的关联，即通过每个页面的超链接形成有向的产品网络[111]。一些学者对这类推荐网络产生的行为影响进行了研究[109,110,122]，并主要关注于共同购买（co－purchase）形成的推荐网络，发现共同购买的产品网络的可见性增强了互补产品的销量。实际上，许多电子商务网站提供两种类型的产品推荐网络，即共同浏览（co－view）和共同购买的产品网络，而在近些年才有学者开始研究这二者对用户和产品销量的不同影响[111]。更有趣的是，共同购买和共同浏览产品推荐网络根据其内在机制可以看作是两种不同的推荐策略：分别推荐互补类型或替代类型的商品。例如，一个最初打算购买笔记本电脑的消费者很可能浏览多个不同类型的笔记本电脑，并最终选择一个购买，同时也可能共同购买其他的配件，如鼠标、软件、屏幕保护膜或其他配件等。

根据微观经济学中的定义，如果产品 A 和产品 B 是互补品，则产品 A 的需求增加也会引起产品 B 的需求的增加[8]，这种互补产品效应便形成了共同购买产品网络。另一方面，替代产品之间有正好相反的需求关系——消费者在做出最终购买决策之前往往会浏览并比较多个替代品——从而形成了共同浏览产品网络。考虑到对于互补品和替代品的推荐同时存在，研究这二者对消费者行为带来的不同影响有重要的实践意义。基于经济学理论，互补品的出现会使得主要商品的需求上升，从而引起市场价格随之上升，消费者有更高的支付意愿。类似地，替代品的出现由于竞争关系的增强会使消费者对主要商品的需求下降，从而引起市场价格和消费者支付意愿都随之下降。因此，我们提出以下假设：

假设 1：与替代品相比，当主要产品与互补品推荐共同展示时，消费者对主要产品的支付意愿较高。

4.2　推荐中产品价格的影响

营销学和经济学中许多文献都指出产品定价决策时往往需要考虑不只一种产品，即多产品定价（multiple product pricing）。这是因为消费者对某个产品价格的感知通常取决于其他参考价格（reference price）[138]，如商店中其他产品的价格。前景理论（prospect theory）和心理账户理论（mental accounting theory）都认为消费者是根据某个参考点的收益或亏损来做决策。当消费者将主要产品的市场价格与其他参考价格作比较时，会产生附带价格学习（incidental price learning）机制[139]。在线下实体店中，零售商可以通过改变店内产品的位置和货架空间分配来利用一种产品的销量影响另一种产品的销量，比如将两个互补品相邻摆放。这一情景与在线产品推荐中主要产品与其他相关推荐产品共同出现在同一个页面中非常相似。当消费者评估主要产品的信息时，被推荐产品的价格便会潜在影响他们对这一主要产品的购买决策。根据对比效应理论（Contrast effect theory）[140]，当共同展示的推荐产品的价格相对较高（较低）时，用户感知到的主要产品的价格会降低（升高）。也就是说，消费者对于看上去比其他产品便宜（昂贵）的商品的支付意愿会更高（更低）一些。因此，不考虑被推荐产品的类型，针对推荐产品价格对支付意愿的主效应，我们作出以下假设：

假设2：推荐产品的价格会对消费者对主要产品的支付意愿产生正向影响，即，当推荐产品的价格高于主要产品的价格时，消费者对主要产品的支付意愿更高。

此外，当考虑被推荐产品的类型时，互补品和替代品之间有显著的需求交叉价格弹性（cross - price elasticity of demand）关系[103]。具体地，降低某一个产品的价格或对其实行促销策略，会刺激其互补商品的销量，同时也会抑制其替代商品的销量。也就是说，当某个产品的价格上升时，与其互为互补关系的商品的购买可能性会下降；而互为替代关系的商品购买可能性则会上升，因为消费者会转而选择其他性价比较高的替代品[141]。进一步地，通过调整产品价格影响互补品/替代品的需求后，消费者对该产品的支付意愿也会被影响[142]。根据以上分析表明，当两个产品之间竞争性较大时（即替代品），价格对支付意愿的主效应会更加显著，而当产品互为互补关系时，价格对支付意愿有负相关作用。因此，我们做出以下两个假设：

假设 2A：推荐产品的价格与推荐类型之间存在交叉效应，即当推荐类型是替代品而非互补品时，价格对消费者对主要产品支付意愿的正向影响会更强。

假设 2B：当推荐类型是互补品而非替代品时，价格对消费者对主要产品的支付意愿呈负向影响。

4.3 消费者两阶段决策过程

由于商品多样化和机会成本的增加，消费者的搜索成本仍然不能忽略，因此消费者不可能在仔细地考察和比较所有的商品之后再做出购买决定。面对大量的搜索结果，通常情况下，消费者会采取“考虑 - 选择”两阶段决策法（consider - then - choose process）[137,143,144]。在阶段一，消费者浏览大量备选商品并选择一些作为候选商品集；在阶段二，他们仔细考察并比较候选商品集合中的商品，从中选出最终要购买的那一个。在第二个决策阶段，消费者的购买动机和决心都有所增强，因此对所选择的商品有更高的支付意愿。因此，我们假设决策阶段的主效应如下：

假设3：决策阶段会对消费者对主要产品的支付意愿产生正向影响，即，当消费者处于阶段二时，他们对主要产品的支付意愿更高。

基于以上提及的多阶段心理决策过程，Ge等人[145]认为在两个决策阶段中用户对信息的处理方式是不同的。他们通过实验证实产品的某种具体信息的展示时机对消费者的选择有重要的影响。这一不同可以归因于购物目标理论（shopping goals theory）[146]和解释水平理论（construal level theory）[147]。在购物过程的第一个阶段，消费者对自己购物目标的不确定性较高，导致思维过程更加抽象。之后在第二个阶段随着与最终购买决定的心理距离的拉近，购物目标逐渐变得具体。因此，当消费者的目标尚未具体化时，关于相似产品（即替代品）的市场营销活动能更加有效地影响消费者的决定[17,146]。此外，学者们还研究了除传统的替代品推荐之外的其他类型的推荐对消费者行为带来的影响。例如，Zheng等人[8]发现消费者在不同的购物阶段偏好不同类型的产品推荐。在前期购物阶段，消费者的主要活动是浏览网页并比较大量的相似产品；在后期阶段，他们往往已经有了比较清晰的商品候选集合，更倾向于从该集合中选出最终购买的产品，因此此时推荐替代品将很难对其决策产生明显影响。相反地，互补品推荐则会因为帮助消费者发现已选商品的附加价值而受到青睐。因此，我们假设：

假设3A：消费者的决策阶段与推荐类型之间存在交叉效应，即当推荐类型是互补品时，决策阶段对消费者对主要产品的支付意愿有正向影响，而当推荐类型是替代品时，决策阶段对消费者对主要产品的支付意愿有负向影响。

4.4 推荐对支付意愿影响的用户实验探究

如前所述，亚马逊及其他电子商务平台通过“共同购买”和“共同浏览”进行推荐的其他商品通常是该网页上主要产品的互补品或替代品。然而这一情况并非总是成立，并且用户的自选择偏差以及其他情景因素也可能对这些推荐的内容造成影响。因此，为了消除实际应用中的这些混杂因素及条件，本研究设计了一个随机用户实验，从而对上文提到的三个研究要素分别进行控制——推荐类别，推荐产品的价格以及消费者决策阶段。在实验中随机选择用户分配到不同的实验组可以帮助验证已有假设并做出因果关联推断。

4.4.1 实验设计与用户选择

本节提出的几个假设旨在探索推荐其他产品是否会影响消费者对主要产品的支付意愿，其中包含了三个研究因素的主效应（推荐类别，推荐产品的价格和消费者决策阶段）以及两个双因素交叉效应（价格×类别，决策阶段×类别）。由于本研究关注点在于互补性推荐和替代性推荐的不同影响，因此我们并没有对“价格”和“决策阶段”之间可能的交叉效应做出假设。此外，由于三因素交叉效应（类别×价格×决策阶段）比较复杂并且暂无相关理论支持，所以本研究也略去了这一假设。

本章介绍了采用全因子实验（full factorial design）的方法来验证假设，即2（推荐类别：互补品与替代品）×2（推荐产品相对于主要产品的价格：低与高）×2（消费者决策阶段：阶段一与阶段二）的实验设计方法，最后得到8个实验组，并且各个实验组之间互为对照。相比于随机对照实验（Randomized Controlled Trails，RCTs)，全因子实验设计的优势在于能够利用较少的参与者得到较高的统计检验效力（statistical power)。一般来说，随机对照实验的目标是对各个单独的实验组进行直接比较，而全因子实验设计是将多个实验组整合在一起后进行比较，比如对主效应和交叉效应的验证。

此次实验的被试来自于北美一所大型公立大学的商学院的本科生，他们参与实验以获得额外学分。实验中的三个研究因素采用组间设计的方式。在招募被试前，我们对该实验设计进行了统计检验效力分析——假设我们模型的效应量（effect size）为中等，即 $Cohenf^2 = 0.15$[148]，为达到统计检验效力（$1-\beta$）$=0.80$ 以及显著性水平 $\alpha = 0.05$，并且该模型中包含三个主效应和两个交叉效应，则样本大小至少应达到92（此处利用R统计软件中的“pwr”程序包计算得到)。

我们在一个大型本科生课堂上通过公布在线实验网址链接的方式招募被试。该课堂约有400名本科生，其中261位学生点击了我们提供的在线实验网址链接。参与者被随机分配到8个实验组中的一个。最后，有126名被试者的数据不合格，主要包括以下原因：没有回答实验中的所有问题，只用了非常短的时间就完成了整个实验（例如：小于4分钟)；用了非常长的时间完成整个实验（例如：超过4个小时，说明该用户可能在实验过程中暂停了一段时间后又重新开始)；没有通过操控检查（manipulation checks)。参与者被告知只有认真完成实验并通过多个操控检查后才能获得额外学分。值得一提的是，由于该实验是以在线调查的方式招募被试，而非将学生统一组织到实验室完成，因此回复率和完成率相对较低[149]。过滤掉不合格的数据后，最终保留了135个数据观测点。不同实验组的样本数分布如表4.1所示，从中可以看出被试数目在各个实验组中大体服从均匀分布。

表 4.1　实验设计和各实验组的样本数

决策阶段	推荐产品的价格	互补推荐	替代推荐
阶段一	低	16	17
阶段一	高	17	18
阶段二	低	17	16
阶段二	高	17	17

此次实验设置的场景为：我们模拟了一个类似亚马逊的电子商务平台，每个参与者假设要在该平台上购买一个新的鼠标。选择鼠标是因为消费者在网上购买电子产品的普遍性较高，并且鼠标有多种多样的、不同价位的互补品和替代品。

对于第一个操控的因素（即，推荐产品的类别），参与者被随机分配到两种不同的购物界面：一是该界面包含消费者主要浏览考察的商品和推荐的互补商品，二是包含主要浏览考察的商品和推荐的替代商品。商品的图片及描述均是来自亚马逊的真实信息，其中，我们略去了与产品品牌相关的内容，以避免由于参与者对品牌的偏好不同而造成测量偏差。对于第二个操控的因素（即，推荐产品的价格），参与者被随机分配到价格高和价格低的实验组，即被推荐商品的价格全部略高于/低于该网页主要产品的价格。对于第三个操控的因素（即消费者决策阶段），我们参考已有文献[145]设计了一个两阶段的购物步骤，即考虑—选择（consider - then - choose）的两阶段决策过程。然后，消费者被随机分配到其中一种决策情景：完成阶段一和阶段二的购物决策过程，然后回答对实验中主要产品的支付意愿；或者仅完成阶段一的购物决策过程，然后给出对主要产品的支付意愿。在所有 8 个实验组中，主要产品（鼠标）的价格及其描述都保持一致。

4.4.2 实验步骤

在实验开始前，我们向参与者介绍，此次实验旨在了解消费者的偏好和购物行为，同时告知他们所有问题的答案没有对错之分，只需依照自己的偏好回答。随后，参与者被随机分配到8个实验组中的一个。

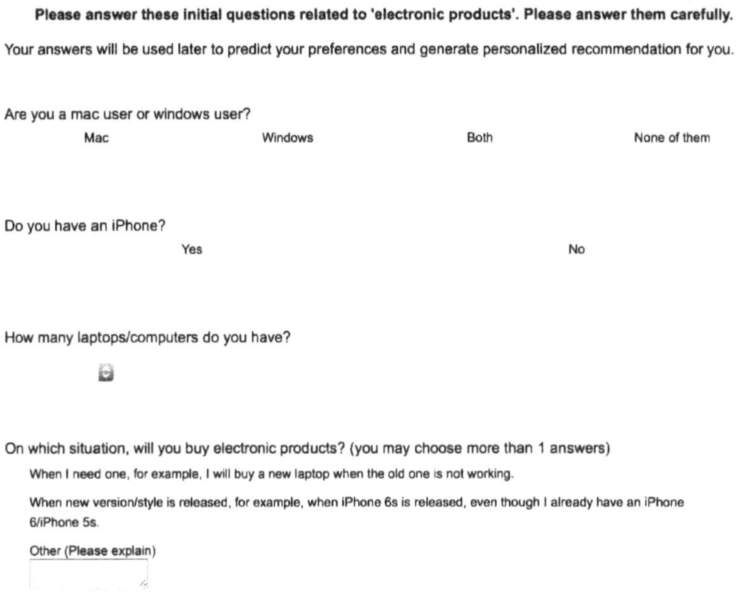

Please answer these initial questions related to 'electronic products'. Please answer them carefully.

Your answers will be used later to predict your preferences and generate personalized recommendation for you.

Are you a mac user or windows user?

Mac Windows Both None of them

Do you have an iPhone?

Yes No

How many laptops/computers do you have?

On which situation, will you buy electronic products? (you may choose more than 1 answers)

When I need one, for example, I will buy a new laptop when the old one is not working.

When new version/style is released, for example, when iPhone 6s is released, even though I already have an iPhone 6/iPhone 5s.

Other (Please explain)

图4.4 用户实验界面截图示例1（对电子产品偏好的问题）

在主要实验步骤之前，我们要求每个参与者都回答一些针对电子产品偏好的问题（如图4.4所示），并从多个类别的电子产品中选出自己喜欢的一个。参与者被告知他们在这一步骤中做出的选择将被系统记录并用来预测其后续购买行为和做出个性化推荐。虽然实际上我们并没有使用此处收集的数据，但这一步骤的目的在于消除参与者对后续推荐来源的疑虑。

此后，被试者进入到我们设计的电子商务网站，完成购买鼠标的这一过程。依据营销学的相关文献[145]，我们设计了两阶段购物决策过程。在阶段一，向参与者展示的页面中包含 12 个不同的鼠标，模拟消费者在已有购物目标时的搜索结果页面。这一过程中被试需要浏览并评估所给产品的信息，但无需做出选择。为防止被试没有认真浏览阶段一中给出的产品而迅速翻页进行下一步，我们增加了两处设置：①只有当被试在该页面停留超过 30 秒后，“下一页”的按钮才会出现。②在浏览完该页的所有产品后，被试需要回答几个相关问题来考察其对这 12 个产品信息的获取程度。在阶段二，我们将可以选择的产品数目缩小为 2（这一阶段给出的产品均在阶段一出现过），并对每个产品展示了更为详细的描述信息，参与者被要求进一步评估给出的产品信息，并从中选择一个作为最终购买决策。值得一提的是，在阶段二中出现的两个产品，其中一个鼠标的各种属性要明显优于第二个。这样设置的目的是确保所有被试都选择同一个鼠标，使得后续阶段给出的支付意愿具有可比性。在上述过程中，被随机分配到隶属“阶段一”的 4 个实验组的被试仅仅经历阶段一（即，浏览信息），其余被分配到隶属“阶段二”的 4 个实验组的被试则经历阶段一和阶段二（即，购买决策）。

在对消费者决策阶段进行操控后，被试需要给出对其中一个产品（即经历阶段二的被试所选择的最终购买的鼠标）的支付意愿。在该页面中，系统将为参与者推荐不同类型的产品。图 4.5 展示了不同实验组的网站界面，分别是低价格的替代品推荐，低价格的互补品推荐，高价格的替代品推荐和高价格的互补品推荐。从图中可以看出，在低（高）价格的展示界面中，所有推荐商品的价格都略低于（高于）主要产品的价格。为保证此处模拟的推荐更加可信，我们分别选择了真实价格略低和略高的不同商品，而非对同一个商品在不同实验组中人为操控设置不同的价格。此外，对每一个推荐的商品，被试都可以点击其图片得到更详细的信息。系统也记录了被试的点击次数和在每个页面的停留时间。

（a）低价格的替代品推荐　（b）低价格的互补品推荐

（c）高价格的替代品推荐　（d）高价格的互补品推荐

图4.5　用户实验界面截图示例5（主要产品及其相关推荐的展示页面）

在浏览过主要产品及其相关的推荐后，被试需要提供其对该主要产品的支付意愿。最后当用户完成整个购物过程后，还需要回答一系列与操控检查相关的问题以保证实验中对三个关键要素的操控是成功的，以及人口统计学相关的问题以作为后续模型分析中的控制变量（包括年龄、性别、教育程度、计算机使用经验、网络使用经验、电子商务使用经验、对推荐系统的熟悉程度，以及对推荐系统的态度）。

4.4.3 因变量测度

支付意愿（willingness to pay）是指消费者为获得某个产品而愿意牺牲的最大金额。在此次实验设计中，我们采用了 Rucker 和 Galinsky[150,151] 以及 Kim 和 Gal[152] 论文中的方法来测量支付意愿。即，被试通过一个滑动块来选择自己愿意支付的产品市场价格的百分比，该滑动块的范围是 0% ~120% （如图 4.6 所示）。所给出的支付区间是用来降低所有被试回答该问题的方差并且减少异常值的出现。我们的关注点在于不同实验组的被试由于推荐产品的不同而对同一个产品的支付意愿的相对变化，而非得到其支付意愿的绝对值，因此采用了百分比区间的方式来测量支付意愿。值得一提的是，由于实验中主要产品的市场价格已经给出（即，$ 12.48），所以无法采用经典的测量支付意愿的 Becker - DeGroot - Marschak 方法或第二价格拍卖机制的方法[153]。

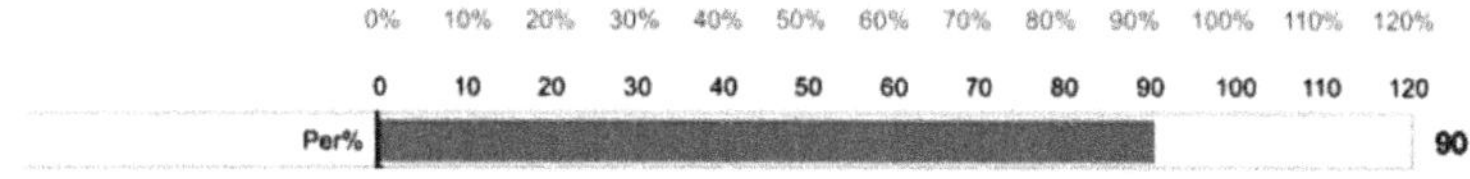

图 4.6 用户实验界面示例截图 6（测量消费者的支付意愿）

4.5 实验结果分析

表 4.2 给出了我们收集到的被试信息的描述性统计。其中，接近 90% 的参与用户的母语是英语，这保证了他们对实验中的问题能够正确的理解。大部分被试平均每天在网上花费的时间超过

4 个小时（88.15%），平均每周浏览电子商务网站 1 次或以上（77.04%），对电子商务网站中的推荐系统比较熟悉（85.19%），并且认为推荐系统能够帮助用户更快的找到感兴趣的相关产品（82.22%）。

表 4.2　被试基本信息的描述性统计

控制变量	统计结果
年龄	均值 21.6；方差 3.35
性别	女性：50.37%；男性：49.63%
第一语言	88.89% 被试的第一语言是英语
网络使用经验	88.15% 被试平均每天花费超过 4 个小时的时间上网
电子商务使用经验	77.04% 被试平均每周至少浏览 1 次电子商务网站
对推荐系统的熟悉程度	85.19% 被试熟悉推荐系统
对推荐系统的态度	82.22% 被试认为推荐系统能帮助用户找到相关产品

4.5.1 操控检查

我们在实验末尾的调查问卷中设置了一系列问题来检验对三个主要研究因素的操控是否成功。首先，以下两个问题用来验证被试对不同推荐类型的感知：①你觉得页面中展示在“我们认为你可能还喜欢这些产品”中的商品与你主要考察的鼠标互为互补品吗？②你觉得页面中展示在“我们认为你可能还喜欢这些产品”中的商品与你主要考察的鼠标互为替代品吗？其次，在检验该实验是否对消费者的决策阶段操控成功时，由于“决策阶段”这一概念较为抽象，因此我们并没有直接提问被试对“决策阶段”的感知。我们具体设置了以下问题：“在你刚刚完成的购物过程中，经历了哪些步骤？可多选”，并提供了以下两个答案供选择：①与购物过程的早期收集信息阶段类似，我评估了大量备选产品的信息（比如 10 ~ 12 个产品）；②与购物过程后期做购买决策的阶段类似，我评估了少量备选产品的信息（比如：2 个产品）。最后，我们还提问了被试对所评估的主要产品——鼠标的相对价格的感知：“你认为刚刚评估的鼠标的价格水平怎么样？”①。

对于上述第一个研究要素的两个操控检查问题，被试从五个选项中选择他们的感知程度：“一定是”（编码为 5），“可能是”（编码为 4），“不确定”（编码为 3），“可能不是”（编码为 2）和“一定不是”（编码为 1）。与预期结果一致，被分配到互补品实验组的参与者认同自己看到的推荐产品是主要产品的互补品，而不是替代品，反之亦然。也就是说，对于第一个因素的操控检查问题（1），互补品实验组和替代品实验组的被试的回答结果均值和方差分别对应 $M_{complements}=4.15$，$SD=0.78$，$M_{subsitutes}=1.61$，$SD=1.01$，t（133）$=16.17$，$p<0.001$。对于操控检查问题（2），互补品实验组和替代品实验组的被试的回答结果均值和方差分别对应 $M_{complements}=1.42$，$SD=0.68$，$M_{subsitutes}=4.68$，$SD=0.63$，t（133）$=-28.87$，$p<0.001$。由于上述两个 T 检验得到的 P 值非常低，所以不会因为多重比较（multiple comparison）而造成第一型错误（Type one error）偏高。上述结果说明对于“推荐类型”在组间的操控是成功的。对于被试对“决策阶段”的回复分析发现，参与者能够正确理解自己所处在的决策阶段（$M_{stage1}=1.19$，$SD=0.39$，$M_{stage2}=1.97$，$SD=0.17$，t（133）$=-14.81$，$p<0.001$）。最后，对“推荐产品的价格”的操控也

① 由于实验对象为北美某高校的本科生，所以问题均为英文。

是成功的。由于对比效应，处于高推荐产品价格实验组的被试感知到主要产品的价格较低，同理，处于低推荐产品价格实验组的被试认为主要产品的价格偏高（$M_{high}=2.96$，$SD=0.57$，$M_{low}=3.33$，$SD=0.68$，$t(133)=-3.45$，$p<0.001$）。

4.5.2　主要实验结果

首先我们对 8 个实验组的支付意愿进行了统计，表 4.3 给出了各个组的平均值和标准差。如前文所述，这里的支付意愿是指愿意支付的产品市场价格的百分比（范围是 0%~120%）。

表 4.3　各实验组的支付意愿（%）平均值（标准差）

决策阶段	推荐产品的价格	互补推荐	替代推荐
阶段一	低	68.19（15.86）	79.29（17.66）
阶段一	高	87.65（13.50）	93.78（21.81）
阶段二	低	88.29（14.29）	81.63（16.04）
阶段二	高	93.94（10.87）	89.53（13.14）

为验证本文提出的假设中的主效应和交叉效应，我们需要对全因子实验设计中的多个实验组合并后再进行比较。针对三个操控因素，我们首先进行了三因子方差分析，如表 4.4 所示。结果显示，“推荐价格”和“决策阶段”对消费者支付意愿的主效应（$p=4.66e-05$，$p=0.0345$），以及“推荐类型”与“决策阶段”二者之间对支付意愿的交叉效应（$p=0.0124$）都是显著的。

表4.4　三因子方差分析结果

	Df	*SSE*	*MSE*	*F value*	*Pr*（>*F*）
推荐类型	1	73	73	0.279	0.598
推荐价格	1	4670	4670	17.786	4.66e-05***
决策阶段	1	1200	1200	4.570	0.034*
推荐类型×推荐价格	1	9	9	0.036	0.850
推荐类型×决策阶段	1	1688	1688	6.430	0.012*
推荐价格×决策阶段	1	872	872	3.321	0.071+
推荐类型×推荐价格×决策阶段	1	110	110	0.420	0.518
残差	127	33343	263		

显著性水平：$^{+}p\leqslant0.1$，$^{*}p\leqslant0.05$，$^{**}p\leqslant0.01$，$^{***}p\leqslant0.001$.

对于主效应，图4.7给出了不同实验条件下的平均支付意愿的直观展示。同样地，从图中也可以看出，“互补性推荐”和“替代性推荐”并没有给用户对主要产品的支付意愿造成显著性差别（$M_{complements}=84.76$，$SD=16.67$，$M_{substitutes}=86.24$，$SD=18.85$，$F=0.279$，$p=0.598$）。而当推荐产品的价格相对稍高时，用户的支付意愿要明显偏高（$M_{low}=79.48$，$SD=17.48$，$M_{high}=91.26$，$SD=15.75$，$F=17.786$，$p<0.001$），从而支持了假设H2。类似地，我们还观测到处于不同决策阶段的用户对于同一个主要产品的平均支付意愿有显著差别（$M_{stage1}=82.60$，$SD=19.99$，$M_{high}=88.45$，$SD=14.26$，$F=4.570$，$p<0.05$），从而支持了假设H3。进一步地，我们还通过计算Cohen's *d* 来衡量两个显著主效应的效应量（effect size）。Cohen's *d* 是利用两个总体均值之差除以相应的标准误差得到。“推荐价格”和“决策阶段”的效应量分别是0.669和0.372，分别代表了中等到大（medium-to-large）的效应量，以及小到中等（small-to-medium）的

效应量。

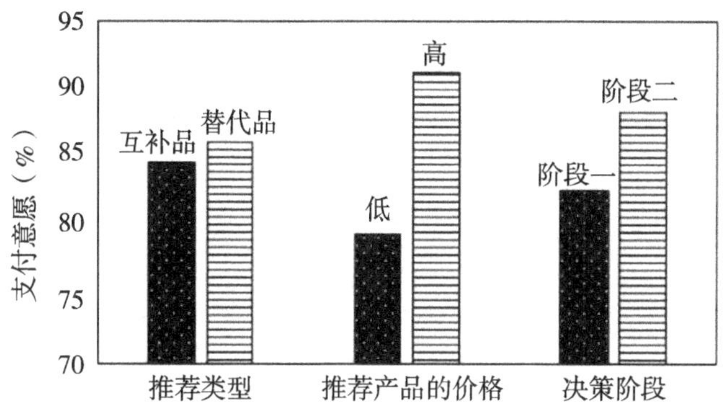

图 4.7 不同实验条件下的平均支付意愿

对于交叉效应，图 4.8 展示了互补品实验组和替代品实验组分别在不同的推荐价格水平和决策阶段水平下的平均支付意愿。左图中互补品实验组和替代品实验组均在高价格条件下有较高的支付意愿，表明“推荐类型”和“推荐价格”之间无交叉效应（$F = 0.036$，$p = 0.851$）。右图中两条线出现了交叉，表明“推荐类型”和“决策阶段”二者之间有显著的交叉效应（$F = 6.430$，$p < 0.05$），即当推荐的产品与主要产品是互补的关系时，“决策阶段”对用户支付意愿的影响更大（$M_{stage1} = 78.21$，$SD = 17.62$，$M_{stage2} = 91.12$，$SD = 12.28$，$t(65) = -3.29$，$p < 0.001$）；而当推荐的产品与主要产品是替代关系时，处于何种决策阶段对用户的支付意愿并无显著影响（$M_{stage1} = 86.74$，$SD = 21.18$，$M_{stage2} = 85.70$，$SD = 15.14$，$t(66) = 0.23$，$p = 0.41$）。因此部分支持了假设 H3A，而 H2A 和 H2B 关于“推荐类型”和“推荐价格”交叉效应的假设没有得到验证。

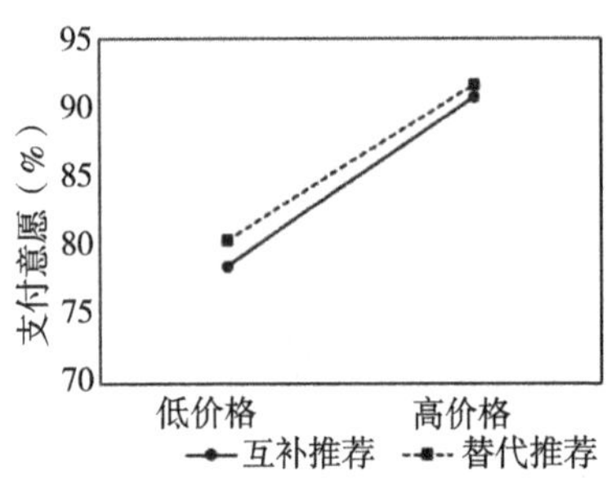

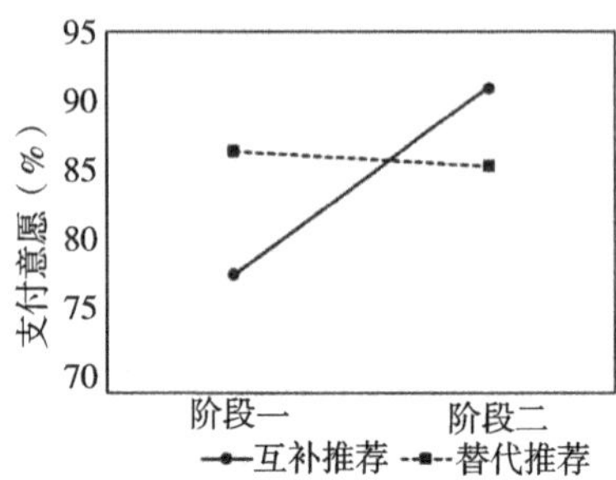

图 4.8　交叉效应（左：推荐类型×推荐价格；右：推荐类型×决策阶段）

此外，本节也对文中所提出的假设分别进行了正交对比分析（Orthogonal Contrast Analysis），以应对全因子实验设计中可能出现的统计依赖性问题。首先对八个实验组编号：Gr1（阶段一，低价格，互补品），Gr2（阶段一，低价格，替代品），Gr3（阶段一，高价格，互补品），Gr4（阶段一，高价格，替代品），Gr5（阶段二，低价格，互补品），Gr6（阶段二，低价格，替代品），Gr7（阶段二，高价格，互补品），Gr8（阶段二，高价格，替代品）。根据前文提出的假设，我们可以构建以下五个对比（contrast），同时，表 4.5 给出了各个对比对应的系数。

- ϕ_1 表示互补品与替代品的对比：（Gr1，Gr3，Gr5，Gr7）与（Gr2，Gr4，Gr6，Gr8）
- ϕ_2 表示阶段一与阶段二的对比：（Gr1，Gr2，Gr3，Gr4）与（Gr5，Gr6，Gr7，Gr8）
- ϕ_3 表示低价格与高价格的对比：（Gr1，Gr2，Gr5，Gr6）与（Gr3，Gr4，Gr7，Gr8）
- ϕ_4 表示推荐类型×决策阶段的交叉效应：（Gr1，Gr3，Gr6，Gr8）与（Gr2，Gr4，Gr5，Gr7）
- ϕ_5 表示推荐类型×推荐价格的交叉效应：（Gr1，Gr4，Gr5，Gr8）与（Gr2，Gr3，Gr6，Gr7）

表 4.5　对比系数

对比	*Gr*1	*Gr*2	*Gr*3	*Gr*4	*Gr*5	*Gr*6	*Gr*7	*Gr*8	$\sum c_a$
$ø_1$	1	-1	1	-1	1	-1	1	-1	0
$ø_2$	1	1	1	1	-1	-1	-1	-1	0
$ø_3$	1	1	-1	-1	1	1	-1	-1	0
$ø_4$	1	-1	1	-1	-1	1	-1	1	0
$ø_5$	1	-1	-1	1	1	-1	-1	1	0

其中 C_a 表示对比在各个实验组的系数，$a \in A = \{Gr1, Gr2, \cdots, Gr8\}$。由 $\sum_{a=1}^{A} C_{ai} C_{aj} = 0$（$i, j \in \{ø_1, ø_2, ø_3, ø_4, ø_5\}$）可知，各个对比之间是正交的关系。下面分别计算各对比的统计值（在计算过程中，各实验组的样本数 $S = 17$，M_a 指各实验组的支付意愿均值）。首先计算 F 统计量的值，记做 $F_ø$，之后将该统计量与不同显著性水平下的统计临界值进行比较，从而决定其显著性水平。

1. 对比 $ø_1$

计算 $ø_1$ 所用到的系数和均值等如表 4.6 所示。

表 4.6　$SSø_1$ 的计算过程

实验组	M_a	C_a	C_aM_a	C_a^2
1	68.19	1	68.19	1
2	79.29	-1	-79.29	1
3	87.65	1	87.65	1
4	93.78	-1	-93.78	1
5	88.29	1	88.29	1
6	81.63	-1	-81.63	1
7	93.94	1	93.94	1
8	89.53	-1	-89.53	1
合计			-6.16	8

$$SSø_1 = \frac{S \cdot (\sum C_a M_a)^2}{\sum C_a^{\ 2}} = \frac{17 \cdot (-6.16)^2}{8} = 80.63$$

$$MSø_1 = \frac{SSø_1}{1} = 80.63$$

之后，为了得到均方根误差（MS_{error}），我们对 8 个实验组进一步进行单因子方差分析，结果展示在表 4.7。从组内均方差中得到 $MS_{error} = 262.55$。因此，F 统计量的值：

$$Fø_1 = \frac{MSø_1}{MS_{error}} = \frac{80.63}{262.55} = 0.307$$

而满足置信度水平 $\alpha = 0.05$ 的临界值为 $F_{1,A(S-1)} = F_{1,8\times16} = F_{1,128} = 3.915$。由于 $0.307 < 3.915$，所以对比 $ø_1$ 不显著。

表 4.7　8 个实验组的单因子方差分析

方差来源	*SS*	*df*	*MS*	*F*	*p - value*	*F crit.*
组间	8622.33	7	1231.76	4.69	0.0001	2.08
组内	33343.42	127	262.55			
合计	41965.75	134				

2. 对比 $ø_2$

计算 $ø_2$ 所涉及的系数和均值在此处略去，可以分别在表 4.5 和表 4.7 中找到相应的值。计算过程与上述非常相似：

$$SSø_2 = \frac{S \cdot (\sum C_a M_a)^2}{\sum C_a^{\ 2}} = \frac{17 \cdot (-24.48)^2}{8} = 1273.45$$

$$MSø_2 = \frac{SSø_2}{1} = 1273.45$$

$$Fø_2 = \frac{MSø_2}{MS_{error}} = \frac{1273.45}{262.55} = 4.85$$

由于 $4.85 > 3.915$，所以 $ø_2$ 显著。

3. 对比 ϕ_3

$$SS\phi_3 = \frac{S \cdot (\sum C_a M_a)^2}{\sum C_a^2} = \frac{17 \cdot (-47.5)^2}{8} = 4794.53$$

$$MS\phi_3 = \frac{SS\phi_3}{1} = 4794.53$$

因此，F 统计量的值为：

$$F\phi_3 = \frac{MS\phi_3}{MS_{error}} = \frac{4794.53}{262.55} = 18.26$$

由于 $18.26 > 3.915$，所以 ϕ_3 显著。

4. 对比 ϕ_4

$$SS\phi_4 = \frac{S \cdot (\sum C_a M_a)^2}{\sum C_a^2} = \frac{17 \cdot (-28.3)^2}{8} = 1701.89$$

$$MS\phi_4 = \frac{SS\phi_4}{1} = 1701.89$$

因此，F 统计量的值为：

$$F\phi_4 = \frac{MS\phi_4}{MS_{error}} = \frac{1701.89}{262.55} = 6.48$$

由于 $6.48 > 3.915$，所以 ϕ_4 显著。

5. 对比 ϕ_5

$$SS\phi_5 = \frac{S \cdot (\sum C_a M_a)^2}{\sum C_a^2} = \frac{17 \cdot (-2.72)^2}{8} = 15.72$$

$$MS\phi_5 = \frac{SS\phi_5}{1} = 15.72$$

因此，F 统计量的值为：

$$F\phi_5 = \frac{MS\phi_5}{MS_{error}} = \frac{15.72}{262.55} = 0.060$$

由于 $0.060 < 3.915$，所以 ϕ_5 不显著。

由以上结果可以看出，正交对比分析得到了与方差分析一致的结果。为进一步得到整个模型的效应量及各个因素的影响系数，我们估计了一个序列线性模型。首先，用一系列控制变量对支付意愿进行回归，控制变量包括性别、对主要产品的偏好程度、电子商务使用经验、对推荐系统的熟悉程度，以及对推荐系统的态度。之后，在回归模型中控制变量的基础上加入假设中的五个自变量。“推荐类型”变量有两个取值：互补品（0）或替代品（1）；“推荐价格”取值为低（0）或高（1）；“决策阶段”取值为阶段一（0）或者阶段二（1）。两个回归模型的估计结果展示在表4.8中，可以看到加入五个自变量后模型拟合程度 R^2 增长了0.149。与上述ANOVA结果一致，“推荐价格”和“决策阶段”有显著正向的系数，表明消费者在被推荐产品价格较高或者处于后期决策阶段时倾向有更高的支付意愿。此外，“推荐类型”和“决策阶段”交叉项的系数也在统计水平 $\alpha=0.1$ 下是显著的。根据得到的系数可以得到以下结论：当为消费者推荐的产品价格略高于主要产品的价格时，与推荐产品价格略低于主要产品价格的情况相比，会使消费者的支付意愿提高市场价格的10.353%。类似地，处于后期决策阶段（阶段二）的消费者相比处于早期决策阶段（阶段一）的消费者的支付意愿要高出市场价格的10.832%。

表4.8　线性回归模型

	因变量：支付意愿（%）	
	模型1：控制变量（$R^2=0.1699$）	模型2：控制变量+自变量（$R^2=0.3189$）
截距项	53.166***（10.450）	44.589***（9.862）
推荐类型		5.572（4.828）
推荐价格		10.353**（3.769）
决策阶段		10.832**（4.008）
推荐类型×推荐价格		2.279（5.336）

续表

	因变量：支付意愿（%）	
	模型 1：控制变量 （R^2 =0.1699）	模型 2：控制变量 + 自变量 （R^2 =0.3189）
推荐类型 × 决策阶段		−10.729⁺（5.691）
偏好	7.141***（1.539）	6.232***（1.492）
性别	3.255（3.081）	3.803（2.905）
电子商务使用经验	−1.126（1.616）	−1.054（1.527）
对推荐的熟悉程度	0.600（1.548）	1.412（1.491）
对推荐的态度	−6.362*（3.032）	−6.924*（2.807）

显著性水平：$^{+}p\leqslant0.1$，$^{*}p\leqslant0.05$，$^{**}p\leqslant0.01$，$^{***}p\leqslant0.001$.

下面通过 *Cohen's* f^2 计算该序列多元线性模型的效应量。计算方法为 $f^2=(R_{AB}^2-R_A^2)/(1-R_{AB}^2)$，其中 R_A^2 是控制变量集合 A 解释的方差，$R_A^2=0.1699$ 是被控制变量 A 和自变量 B 共同解释的方差。在我们的模型中，$R_A^2=0.1699$ 且 $R_{AB}^2=0.3189$，因此得到效应量为 $f_B^2=0.219$。一般来说，多元线性回归的效应量分别为 0.02，0.15 和 0.35 时，表示小、中等和大的效应量。因此，我们的模型取得了中等到大的效应。此外，我们还在实验后再次进行了统计效力分析：在已有 135 个数据点和计算得到的效应量的情况下，当维持显著性水平在 0.05 时，此模型的统计效力为 0.993。

4.5.3　鲁棒性检验

由于在测量支付意愿时，被试可选择的范围被限制在市场价格的 0%~120%，因此可能造成截尾数据（censored data）而违反本节模型中对数据的正态分布假设。图 4.12 给出了所有支付意愿值分布的分位数 – 分位数图（QQ Plot），图中可以看出一些数据点在尾部被截断了。我们进一步对数据实施了三种不同的正态性检验，分别是 Anderson - Darling 正态检验，Lilliefors 正态检验和 Cramer - von Mises 正态检验，得到的统计量和对应的 P 值如表 4.9 所示，均拒绝正态分布的原假设。

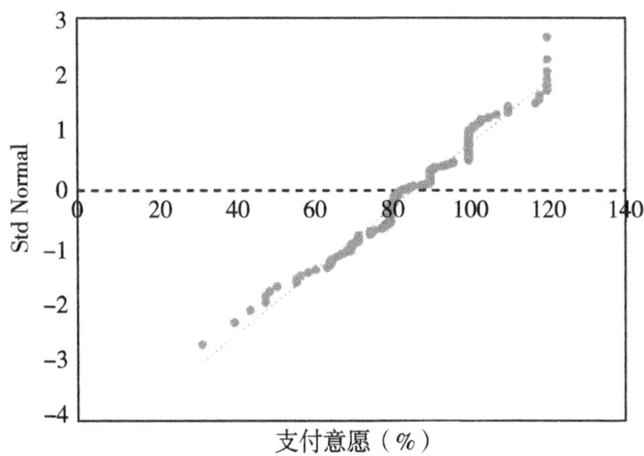

图 4.9　所有支付意愿的分位数 - 分位数图

表 4.9　支付意愿的正态性检验

检验方法	统计量	p - value
Anderson - Darling normality test	A = 1.243	0.003**
Lilliefors normality test	D = 0.097	0.003**
Cramer - von Mises normality test	W = 0.212	0.004**

显著性水平：+ $p \leq 0.1$，* $p \leq 0.05$，** $p \leq 0.01$，*** $p \leq 0.001$.

接下来在不依赖于正态分布假设的情况下，我们对结果进行了鲁棒性分析。首先，利用 Mann - Whitney - Wilcoxon 检验和 Kruskal - Wallis 检验对三个主效应进行分析。这两种检验均属于非参检验方法，用于在不假设数据服从正态分布的前提下检验两个总体的分布是否相同，并且 Kruskal - Wallis 相当于单因子方差分析在非参环境下的等价方法。结果展示在表 4.10，可以发现这与先前方差分析中对主效应的检验结果一致，即“推荐价格”和“决策阶段”对支付意愿的主效应是显著的，而“推荐类型”的主效应并不显著。值得一提的是，“决策阶段”的效应仅在统计水平 $P<0.10$ 下显著（marginally significant），这可能是由于“决策阶段”与“推荐类型”的显著交叉作用而削弱了主效应。

表 4.10 主效应的非参数检验结果

主效应	Mann – Whitney – Wilcoxon 检验	Kruskal – Wallis 检验
推荐类型：互补品与替代品	W = 2348, p – value = 0.759	Chi – squared = 0.096, p – value = 0.757
推荐价格：低与高	W = 3182.5, p – value = 6.364e – 05	Chi – squared = 16.009, p – value = 6.305e – 05 ***
决策阶段：阶段一与阶段二	W = 1866, p – value = 0.069	Chi – squared = 3.3127, p – value = 0.069 +

此外，Tobit 回归模型通常用来处理截尾数据，并在已有文献中用于对支付意愿的研究[154]。因此，本节也使用 Tobit 模型对得到的结果进行鲁棒性检验。与上述序列回归的步骤类似，首先使用所有控制变量对支付意愿进行回归，然后加入五个自变量后再进行回归，得到的两个 Tobit 模型结果如表 4.11 所示，模型的对数似然值（log likelihood）从 –554.187 增长到 –541.179。正如我们所料，“推荐价格”“决策阶段”，以及交叉项“推荐类型”×“决策阶段”的系数都是显著的，并且量级与线性回归模型中对应系数的量级也是相似的。Tobit 模型中的系数表示自变量改变一个单位引起的潜在因变量（latent dependent variable）y^* 的变化，即没有被截断的支付意愿数据。因此，为解释模型的结果，我们需要对系数进行调整以得到观测到的自变量 y 的影响系数（即截断后的支付意愿）。完成转换后，“推荐价格”“决策阶

段”，以及交叉项“推荐类型”×“决策阶段”的系数分别为10.181（3.712），10.502（3.950），和-11.054（5.613），表示以占市场价格百分比来衡量支付意愿时的变化值。

表 4.11 Tobit 回归模型结果

	因变量：支付意愿（%）	
	模型 1：控制变量（$R^2=0.1699$）	模型 2：控制变量 + 自变量（$R^2=0.3189$）
截距项	52.833*** （10.64）	43.803*** （9.845）
推荐类型（互补品：0）		5.875（4.818）
推荐价格（低：0）		10.303*** （3.757）
决策阶段（阶段一：0）		10.629*** （3.996）
推荐类型×推荐价格		3.181（5.338）
推荐类型×决策阶段		-11.187* （5.681）
偏好	7.389*** （1.571）	6.482*** （1.494）
性别	3.171（3.142）	3.786（2.904）
电子商务使用经验	-1.142（1.645）	-1.045（1.524）
对推荐的熟悉程度	0.427（1.577）	1.319（1.489）
对推荐的态度	-6.661* （3.096）	-7.214* （2.811）
LogSigma	2.816*** （0.063）	2.717*** （0.063）

显著性水平：$^{+}p\leq0.1$，$^{*}p\leq0.05$，$^{**}p\leq0.01$，$^{***}p\leq0.001$.

最后，我们把对三个操控因素的编码方式从虚拟编码（dummy coding），即（0，1）的形式，改为对照编码（effect coding），即（-1，1）的形式，重新运行 Tobit 回归结果，如表 4.12 所示，得到与前所述一致的研究结论。

表 4.12　(-1, 1) 编码下的 Tobit 回归结果

因变量：支付意愿（%）(Log - likelihood = -541.179)			
	系数（标准误差）	T 统计量	P - value
截距项	55.205 (9.949)	5.549	2.87e-08 ***
推荐类型（互补品：-1）	0.936 (1.317)	0.710	0.477
推荐价格（低：-1）	5.947 (1.317)	4.515	6.33e-06 ***
决策阶段（阶段一：-1）	2.518 (1.335)	1.886	0.059 +
推荐类型 × 推荐价格	0.795 (1.335)	0.596	0.551
推荐类型 × 决策阶段	-2.797 (1.420)	-1.969	0.049 *
偏好	6.482 (1.494)	4.339	1.43e-05 ***
性别	3.786 (2.904)	1.304	0.192
电子商务使用经验	-1.045 (1.524)	-0.685	0.493
对推荐的熟悉程度	1.319 (1.489)	0.886	0.376
对推荐的态度	-7.214 (2.811)	-2.566	0.010 *
LogSigma	2.717 (0.063)	43.077	<2e-16 ***

显著性水平：$^{+}p \leqslant 0.1$，$^{*}p \leqslant 0.05$，$^{**}p \leqslant 0.01$，$^{***}p \leqslant 0.001$.

4.6　本章小结

消费者在线购物浏览某个产品时，往往会接收到其他相关产品的推荐信息。在结果多样性越来越受到重视的情况下，推荐集合中常包含不同质的产品，其中互补品推荐和替代品推荐成为最典型的两种推荐策略。已有研究发现推荐系统能够对消费者的购买行为产生显著的影响，进而影响整个电商平台的产品销量和收益，但其局限性在于：①关注点在于推荐信息的存在与否会影响消费者对被推荐产品的偏好的变化，而非将推荐产品作为情境因

素进行讨论；②将推荐系统作为一个整体来研究，而较少讨论不同类型的推荐，以及所推荐产品的具体特征；③未结合消费者的决策过程来进行分析。

针对上述问题，为深入理解消费者和推荐系统的交互过程，本章从行为视角出发，通过介绍一个全因子用户实验的设计过程和数据分析过程，探索了不同类型（互补品或替代品）的相关产品推荐是否会影响消费者对主要考察产品的支付意愿。我们讨论了三个核心因素对消费者支付意愿的主效应和交叉效应，即推荐类型、推荐产品价格和消费者决策阶段。

实验结果表明，消费者对主要考察产品的支付意愿并不会受到推荐的相关产品的类型的显著性影响，即推荐互补型或替代型产品时的支付意愿并无明显差异。这一主效应的不显著很可能是由于推荐类型和决策阶段的交叉作用造成的，即互补品和替代品推荐的影响需要在更加具体的情景下展开讨论，不能明确二者是否对支付意愿会产生不同影响。其次，处于后期决策阶段的消费者对同一个产品的支付意愿更高。并且推荐类型与决策阶段之间产生了显著的交叉效应，即当推荐类型是主要产品的替代品时，决策阶段对支付意愿并无显著影响，而当推荐类型是互补品时，其有显著正向影响。这一结论也与已有文献的相关发现一致——表明消费者在不同购买阶段时偏好不同类型的推荐，同时也突出了时间因素在推荐系统中的重要性。最后，我们也发现推荐产品的价格能显著正向影响消费者对主要考察产品的支付意愿。推荐产品的价格通常被消费者当作参考点，与主要考察商品的市场价格进行比较，从而通过附带价格学习机制来调整自己的支付意愿。因此，当推荐产品的价格较高时，消费者对主要考察商品的支付意愿也较高，反之亦然，并且无论推荐类型为互补品还是替代品该正向主效应都是显著的。

综上，以往文章中多关注推荐系统的存在与否如何影响消费者对被推荐产品的偏好的变化[119,135]，而本章内容则是探索推荐其他产品是否会对主要考察产品的支付意愿造成影响。从经济学相关理论出发，本章进而检验了两种不同类型的推荐（互补品与替代品）及其相关因素的作用机制。本章的研究结论可以帮助电商平台设计更好的推荐策略，利用情景相关因素（如推荐产品的类型、价格等）影响消费者支付意愿，从而提高商家利润。从理论上看，该结论也丰富了消费者行为和推荐系统的相关理论，加强了对互补性推荐和替代性推荐在用户决策过程中所起作用的理解。

第五章　非同质产品的关系挖掘方法介绍

消费者在不同的决策阶段偏好不同类型的推荐[8]，在早期浏览阶段时，替代性推荐可以帮助消费者找到最合适的产品进入候选集合；在后期购买阶段时，互补品可以帮助客户发现已选商品的附加价值，同时促进互补商品与主要商品的销量。同时，根据上一章的结论可知，将互补性推荐推迟到消费者后期购买阶段展示，能够显著提高其对主要产品的支付意愿。由此可知，识别不同类型的产品有助于进一步提高推荐效果和消费者支付意愿。因此在本章中，我们将产品之间的关系作为关注对象，介绍一种建模方法以识别两个产品是相互替代还是互补的关系。

在帮助消费者降低搜索成本、快速找到心仪产品方面，推荐系统的重要性不言而喻。然而，现有的推荐算法通常将消费者和商品的相关性表示成一个标量值，比如预测用户给商品的评分，之后将相关性越高的产品排在越前面[8,31]。已有研究[8]表明，这类推荐方法往往造成一些误导，包括结果冗余、推荐时机不当等。例如，刚刚购买过耳机的消费者很可能对再次推荐给他/她的其他品牌和款式的耳机不再感兴趣，而由于不同品牌间的耳机的相关性非常高，使得仅仅按照相关性推荐的结果就会不如人意。相反，若此时推荐与之配套的互补品则会收到意想不到的效果，降低了结果的冗余度。同时，根据我们前部分工作中对消费者行为的实证研究发现，用户在不同的购物决策阶段偏好不同类型的推荐产品。具体地，营销学中将消费者的购物选择过程分为两个阶段[155]，阶段一称为浏览阶段，消费者从大量的商品集合中快速浏览并选出小部分集合的商品作为候选集，阶段二称为购买阶段，此时消费者对自己选定的候选集合中的商品进一步反复考察和比较，最终选择一个完成购买。一般来说，用户在浏览阶段不会过多关注互补型产品，而是在替代品间反复比较，而在后期购买阶段时目标已经比较清晰，用户更倾向于从自己设定的候选集合中做出购买决策，而对系统推荐的其他替代品则兴趣不大，相反此时互补品往往可以吸引注意力，促进交叉销售[112]。

因此在上述情况下，我们需要对产品的“相关性”进一步细化。也就是说，在预测两个产品有较高相关性的前提下，还需要深入理解二者是如何相关的（是互补性关系还是替代性关系），这对于提升用户体验和满意度是十分重要的。传统的推荐算法在预测得到产品针对消费者的个性化相关性后，便将预测结果按照从高到低提供给用户，而忽略了用户所处的决策阶段。也就是说，当用户处于不同的决策阶段（浏览阶段或购物阶段）时，按照传统推荐方法展示的商品集合都是一样的。这激励我们提出以下研究问题：产品之间是如何关联在一起的（即存在几种产品关系）？从经济学角度来看，相关产品是互补关系还是替代关系？为什么产品以这种方式关联在一起？从哪些数据中我们可以挖掘得到产品关系？根据已有文献[112]，我们得知当消费者处于不同购物决策阶段时，所推荐产品的类型对其支付意愿有一定的影响作用。因此，识别产品关系是提升推荐满意度以及提高商家利润的重要前提条件。总而言之，产品关系挖掘的实践应用包括：对海量产品的自动归类，考虑产品类型和时机后的推荐结果重组，以及从互补替代视角设计结果多样性的推荐算法等。

然而，在已有的挖掘产品关系的相关研究中，学者们多利用消费者行为模式来判断产品关系，包括共同浏览或共同购买的行为记录[8,113]。例如经常被一起购买的商品更大可能性是互补品，而短时间内被同时浏览但最终只有一个被购买的商品则更倾向于是替代品。这一视角的研究能够帮助我们发现产品是如何关联的，但对“为什么产品以这种方式关联在一起”没有给出满意的答案。举例来说，iPod nano 和 iPod touch 互为替代品，是因为二者都是音乐播放器并且有着相似的功能；而 iPod nano 和耳机则是互补关系，这是由于消费者可以同时使用音乐播放器和耳机，这两个产品是为同一个目标——听音乐而服务的。因此，为了回答“为什么两个产品是互补性相关或替代性相关”这一问题，我们需要对产品的关系进行建模，以发现其相关的原因。这就要求对产品相关的文本描述进行分析，以挖掘能够反映产品的特征、功能、用途等属性的特征。

在本章所介绍的内容中，产品的在线评论被作为关系挖掘的信息来源，这是由于在线评论充分反映了消费者对产品的感知和评价[156]，以此为信息源能够体现用户视角的产品关系。已有研究[115]表明，消费者在搜索商品时不仅考虑当前感兴趣商品的在线评论内容，也会考虑其他相关商品的评论内容。另一方面，浏览和购买记录通常是不可得的，这限制了基于行为的产品挖掘方法的扩展性，比如像 epinions. com 这种非商业化的评论平台上有许多商品的信息却不存在用户的点击流记录数据。因此，本文的目的在于设计一种有效的算法，从丰富的评论数据中识别产品两两之间的关系。本章将要介绍的主要内容可以总结如下：

- 使用潜在狄利克雷分布的主题建模方法将产品的在线评论文本内容映射到一个低维的话题向量空间中。为了提取每对产品对的特征，本文对产品间的互补关系和替代关系进行建模——设计了基于话题向量的多组特征组合以表示产品对在话题分布上的“相似性”和“差异性”。
- 除文本内容外，利用与在线评论相关的额外非文本因素进一步提高产品关系挖掘的准确率。模型中使用的评论非文本因素包括：评论数量之差、平均得分之差、评分方差之差、发布者重合度和评论发布时间重合度。

- 介绍了以神经网络为基础的产品关系挖掘方法，用以整合评论中的文本特征和非本文特征。为分别验证两部分特征的预测有效性，我们提出了两个模型，其中，“基本模型”仅使用文本特征进行预测，而“多输入模型”则同时使用二者进行预测。

在本文提出的预测框架中，产品向量化表示部分在保持相关信息量的前提下有效地对高维文本进行降维；产品关系建模部分充分地刻画了互补性关系和替代性关系的主题关联；额外的非文本因素从用户发布评论的行为特征出发，扩展了基于评论内容的产品关系分析，也进一步提升了预测效果；基于神经网络的预测方法，有效地捕捉了提取到的特征和产品关系类型之间的非线性关系。此外，本章提出的预测框架也具有良好的扩展性，比如，我们可以将产品向量化表示替换为其他的文本降维方法，或采用其他关系建模方式，或加入新的相关因素，或在神经网络的最后一层加入对产品关系方向的预测，等等。

5.1 文本结构化介绍

在自然语言处理任务中，文本的结构化表示是所有后续文本挖掘的重要步骤。其基本思想是需要将多个文档集合转化成由文档特征构成的向量，以便于计算。最经典的文本表示方法为词袋模型（Bag of Words，BOW），该模型将每个文档表示成一个高维、稀疏的向量，其中每一个维度对应文档中每个单词的词频[157]。在此基础上，Chowdhury[158]考虑了单词在整个文档集合中出现的逆向频率，作为向量每个维度的权重，将词袋模型扩展成为

TF－IDF（Term Frequency－Inverse Document Frequency）模型，该方法主要思想是，如果某个单词在一篇文档中出现的频率（TF）高，并且在其他文档中很少出现（IDF 较低），则认为这个单词具有很好的类别区分能力，最后在向量中对应的分量值较大。BOW 和 TF－IDF 模型都计算简单，但缺点是效率较低。此外，利用这两种方式得到的文本向量都是高维且稀疏的，在许多情况下都难以捕捉到文本层面的语义相似性。

近年来，深度学习方法也逐渐被应用到文本结构化表示方面[159]。例如，Hinton 和 Salakhutdinov[160,161] 提出了深度自动编码（autoencoder）用于对文本的降维，在该文中还使用了条件约束的泊松分布来表示词频的分布。另外一个基于神经网络框架的语言模型由 Bengio 等人提出[162]。他们使用前馈的神经网络来同时学习每个单词的向量表示和一个统计语言模型。在这一类的研究中，输出结果是每个“单词”被表示成一个低维的向量，称为“单词嵌入”（word embedding）。其基本思想是将“单词”映射到一个向量空间中，并且保证语义上相近的单词有着相似的向量表示，然而该方法通常却无法捕捉到“文档”层面的语义相似性。

另外一类对文本进行向量化的方法是话题建模，即将文本内容转化为在不同“话题”的概率分布而组成的向量[163]。这类方法相较于传统的 TF－IDF 方法能够大大降低向量的维度，最先提出的是潜在语义索引（Latent Semantic Indexing，LSI）模型[164]，通过对文档或词矩阵进行奇异值分解来增强对一词多义和一义多词的表示效果，并可以通过限制奇异值的个数来达到对数据进行降噪和降维的目的。随后 Hofmann[165] 在此基础上进一步提出了概率潜在语义索引（pLSI），该方法使用概率模型表示“文档－潜在语义－关键词”三者的关系，通过迭代算法将单词和文档映射到低维空间，削弱了单词与文档之间的语义模糊度，同时该算法还降低了时间和空间复杂度。之后，Blei[163]在 LSI 和 pLSI 的基础上提出了潜在狄利克雷分布模型，该方法的创新点在于引入了狄利克雷先验参数作为多项分布的先验分布，从而简化了概率推导。在这之后，许多基于经典潜在狄利克雷分布模型的方法扩展不断被提出[166,167]。由于话题的数目一般要远小于语料库中的单词数目，因此使用话题模型对文本结构化后可以得到对文档的低维表示，同时也能较好的描述文档层面的语义相似度。因此，本章中将使用话题模型对在线评论的文本进行处理。下面将首先介绍潜在狄利克雷分布的主要思路。

潜在狄利克雷分布（Latent Dirichlet Allocation，LDA）是话题建模中最经典的一个模型[163]，它是一种非监督机器学习方法，可以用来识别语料库或者大规模文档集合中的隐含主题信息。该模型的基本思想是将文档视为由众多潜在主题按照一定概率分布抽样得到的，而每个潜主题又是按照一定概率分布抽取单个单词得到的。LDA 将文本信息转化为易于建模的数字信息，是许多文本挖掘的重要步骤。LDA 模型的经典概率图表示如图 5.1 所示。其中，M 是文档的数目，N 是文档中的单词数量，α 和 β 是模型参数。θ_m 指代文档 $m \in D$ 的话题分布向量，z_{mn} 指代文档 m 中的第 n 个单词所属的话题，以及 w_{mn} 指代具体的单词。在 LDA 模型中，假设一篇文档由 N 个单词构成，即 $w = (w_1, w_2, \cdots, w_N)$，一个语料库由 M 篇文档构成，即 $D = (d_1, d_2, \cdots, d_M)$，假设词表的大小为 V，则一篇文档是按照如下方式生成的：

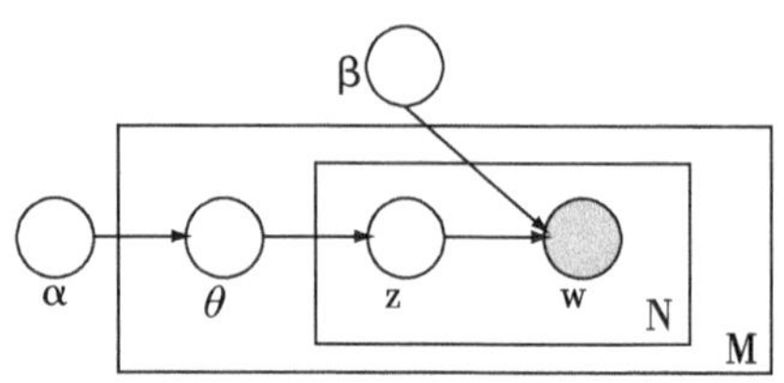

图 5.1 LDA 的概率图模型

- 选择词的个数 N，且 N 是由泊松分布产生的。
- 从参数为 α 的狄利克雷分布中产生样本 θ，使得 $\theta \sim \text{Dir}(\alpha)$。
- 对于文档 m 的每个单词 n：
  - 选择一个话题 Z_{Mn} 服从参数 z_{mn} 的多项式分布，满足 $z_{mn} \sim \text{Multinomial}(\theta_m)$。选择多项式分布的原因是它与狄利克雷分布是共轭先验的，即如果先验分布是狄利克雷分布，加入多项式分布的额外信息后，后验分布仍然是狄利克雷分布，因此我们作此假设以简化模型。
  - 从分布 $p(w_{mn} \mid Z_{mn}, \beta)$ 中选择具体的单词 w_{mn}。

其中 β 是 K × V 的矩阵，K 表示事先指定的话题的个数，V 是词表大小，则 β 中的每个元素表示某个主题下该单词的概率分布值。

于是，每篇文档 D 的生成概率可以表示为：

$$p(D \mid \alpha,\beta) = \prod_{m=1}^{M} \int p(\theta_m \mid \alpha) \left(\prod_{n=1}^{N_m} \sum_{Z_{mn}} p(z_{mn} \mid \theta_m) p(w_{mn} \mid z_{mn},\beta) \right) d\theta_m$$

在对模型的求解过程中，通常利用吉布斯采样（Gibbs Sampling）的方法来估计模型中的参数，最终得到文档 m 的话题概率分布向量 θ_m。

5.2 基于在线评论的非同质产品的关系挖掘方法

5.2.1 基本模型

本节提出了一个基于在线评论文本信息的产品关系挖掘基本模型（Basic model），来解决互补性和替代性产品关系识别这一问题。整个模型的数据分析处理过程如图 5.2 所示，模型分为两部分，特征提取和神经网络分类。在特征提取阶段，我们将产品对的所有在线评论内容作为输入，提取出产品对的特征。具体地，首先我们得到每个产品的表示——通过 LDA 话题模型将每个产品的文本描述（即所含在线评论的文本内容）映射成为一个低维的话题概率分布向量。之后，通过构造产品对向量表示之间的可能关系，来对所输入产品对的关系进行建模。最后，这些包含产品关系特征的向量通过串联（concatenation）方式重新组合为一个单维向量，这就是输入的产品对的特征。

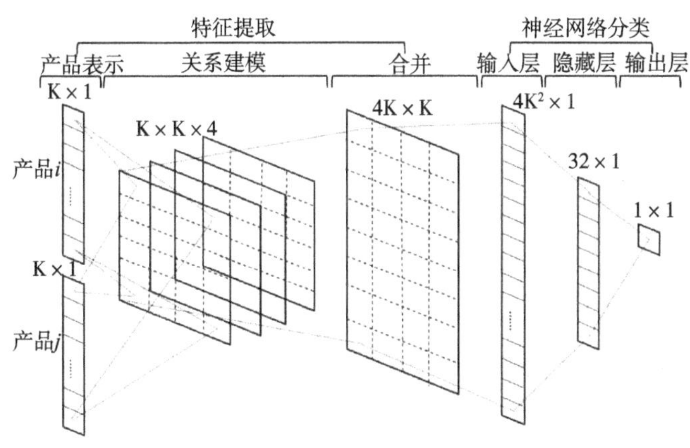

图 5.2 基于在线评论的产品关系挖掘框架——基本模型

在分类阶段，我们使用神经网络进行分类。一方面因为神经网络能够利用非线性激活函数来逼近任意函数，对自然语言处理中的语义建模以及复杂的非线性关系有较好的效果表现。另一方面，相对于其他捕捉非线性关系的分类器（例如支持向量机）来说，神经网络更容易拓展。例如可以将特征提取阶段得到的特征输入到一个三层的前馈神经网络而得到多元分类器，而支持向量机在处理多分类问题时则较困难。在本文中，我们将预测互补性和替代性关系作为两个不同的任务以提高挖掘精度，因此输出结果为“产品 i 是否是产品 j 的互补/替代品”。值得注意的是，如果同时做互补替代关系的预测，或者考虑互补/替代的方向性，我们利用神经网络可以很容易拓展得到一个三元或多元分类器。下面将对模型的每部分分别介绍。

1. 特征提取

（1）产品表示（Product representation）。

丰富的在线评论内容反映了消费者对产品特征的评价，由于互补品和替代品通常具有相似的属性或互相补足的功能，用户倾向于在评价这类产品时讨论相关的话题。例如，图 5.3 分别展示了亚马逊网站上两款互为替代品的笔记本电脑（分别是“Acer”品牌和“HP”品牌）的某条评论内容。在该例中，两条评论的发布者都对相应笔记本电脑的使用方式感兴趣，比如该电脑是否适用于工作、游戏或日常娱乐。直观上看，这两个替代产品的在线评论内容均有较高概率涉及话题“使用方式”。因此，挖掘产品的互补替代关系可以通过对该产品对所包含评论文本的话题分布来实现。

Budget friendly work pc
By Giancarlo on January 3, 2017
Verified Purchase
Nicely balanced. NOT a gaming pc although you might run some older games at limited specs, it's more suited for work (office suite-Not included btw just a 30 day trial) and videos. Upgrade it to it's max ram for better results (16gigs I believe)

（a）'Acer Aspire ES 15'笔记本电脑的评论示例

Good building quality
By Ken on October 2, 2016
Verified Purchase
The refurbished laptop I received is very much like new condition. The building quality looks very good. It runs quite fast and very reliable so far. Very good for the purpose of daily use.

（b）'HP 15.60 - Inch Flagship Touchscreen'笔记本电脑的评论示例

图 5.3　两个互为替代品的笔记本电脑的消费者评论示例

形式上，假设电子商务平台上有 n 个不同的产品。每个产品 i 的评论集合为 $R_i = \{r_{i,1}, r_{i,2}, \cdots, r_{i,t}, \cdots r_{i,|R_i|}\}$，其中 $r_{i,t}$ 表示第 t 条评论，$|R_i|$ 表示产品 i 收到的全部评论数目。通过整合 R_i 中的所有评论内容，我们便可以得到每个产品 i 的文档表示。此后，话题模型[163]可以被用来抽取这些文档中的话题，使得每个产品对应一个话题分布向量，并且产品评论的话题越相似，其对应的向量表示也就越相似。

类似于自然语言处理中流行的单词嵌入方法（word embedding），我们将每个产品的话题分布向量作为该产品的表示。具体来说，单词嵌入方法是将单词或者短语映射到一个低维实向量空间中。这一方法利用固定的维度来最大化表现词的信息，使得语义上相似的单词在向量空间上的距离也相似。利用将源数据映射到另外一个低维空间并且最大程度上维持语义信息的这一思想，我们提出将产品表示成每个产品的话题分布向量。这样的方式既能捕捉到我们所需要的用于后续分析的产品信息（话题），又限制在较低的维度。具体地，我们使用 LDA 话题模型来得到产品的向量表示。产品的全部用户评论构成的集合看作是一个文档，该文档是由多个话题按照一定分布抽样得到的，因此产品 i 最终可以转化为一个由话题分布构成的向量 $\theta_i = \{\theta_{i,1}, \theta_{i,2}, \cdots, \theta_{i,K}\}$，其中 K 表示我们指定的话题的数目。这一产品表示过程如图 5.4 所示。

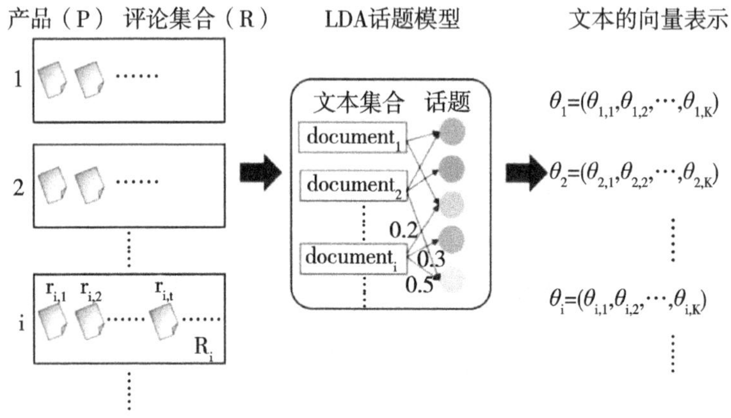

图 5.4 产品嵌入过程

（2）关系建模（Relation Modeling）。

为了构建更有意义的特征，我们显式地对互补/替代关系进行建模。直观上，给定两个产品的向量表示 θ_i 和 θ_j，具有相似的话题向量的产品更倾向于有一定的关系，然而实际上的产品关系要比这复杂的多，产品的关系还可以通过话题的“差异性”来刻画。以 Windows 系统的笔记本电脑和 Macbook 作为替代品的例子，消费者发布评论时有可能对这两个产品都谈论其价格和性能方面的话题，而且一些无关话题，如味道，消费者均评论较少。然而，由于两个不同的产品均具有各自独有的特点，消费者可能对 Windows 系统的电脑讨论较多的是鼠标，而对 Macbook 则讨论其触摸板。这说明两个产品向量分量之间的相似性（对应分量的概率值同大、同小）和差异性（对应分量的概率值一大一小）均对预测二者的关系有一定的作用。进一步地，这一现象在互补品之间也极为普遍，例如对于互为互补品的 GPU（图形处理器）和

CPU（中央处理器）来说，消费者可能均谈论电脑组装较多，在 GPU 上，评论内容多强调 GPU 的图形处理能力，而在 CPU 上这一话题出现的概率并不高。

因此，我们希望显式地对互补/替代关系进行建模，既包含其话题相似性，也包含差异性。具体地，我们使用以下四个特征集合作为产品对（i, j）的关系刻画：

- $\varphi_1(i, j) = \theta_{i,k} \times \theta_{j,l}$，$\forall k, l \in [1, K]$
- $\varphi_2(i, j) = (1-\theta_{i,k}) \times \theta_{j,l}$，$\forall k, l \in [1, K]$
- $\varphi_3(i, j) = \theta_{i,k} \times (1-\theta_{j,l})$，$\forall k, l \in [1, K]$
- $\varphi_4(i, j) = (1-\theta_{i,k}) \times (1-\theta_{j,l})$，$\forall k, l \in [1, K]$

其中，$\varphi_1(i, j)$ 和 $\varphi_4(i, j)$ 表示产品 i 和 j 在话题上的相似性，例如，两个不同品牌的笔记本电脑在“电脑性能”话题上均有较多的评论内容，形成了较高的概率分布值 $\theta_{i,k}$ 和 $\theta_{j,k}$，$k=$“电脑性能”，这一特征可以被 $\varphi_1(i, j)$ 捕捉到。而在“打印效果”这一无关话题上则均基本没有评论内容（对整个电子产品类别的评论进行话题建模，可以抽取得到“打印效果”这一话题），形成了较高的概率值 $(1-\theta_{i,1}) \times (1-\theta_{j,1})$，$l=$“打印效果”，这一特征便可以被 $\varphi_4(i, j)$ 捕捉到。此外，$\varphi_2(i, j)$ 和 $\varphi_3(i, j)$ 表示两个产品在话题上的差异性。例如，仍以上文中 Windows 电脑（产品 i）和 Macbook（产品 j）为例，在“鼠标”这一话题上 Windows 电脑的评论中讨论较多，而 Macbook 的评论中讨论较少，则有 $\theta_{i,k} \times (1-\theta_{j,k})$，$k=$“鼠标”的值较大，从而这一特征被 $\varphi_3(i, j)$ 捕捉到。在“触摸板”这一话题上则有相反的分布，有 $(1-\theta_{i,1}) \times \theta_{j,1}$，$l=$“触摸板”的值较大，使得这一特征被 $\varphi_2(i, j)$ 捕捉到。若涉及到两个不同话题 k 与 l 之间的关系，也有类似的上述过程。

值得说明的是，数学上，我们可以使用两个向量的外积来表示各种可能的关系以简化符号和程序编码。对话题向量 θ_i 和 θ_j 分别扩展成为（$1-\theta_i$）和（$1-\theta_j$）后，我们共使用四个外积来表示所有可能的特征。得到四个特征集合后，我们使用串联（concatenation）的方式将这些特征集合合并成单维向量，即 $\phi_{i,j}=\varphi_1(i,j)\oplus\varphi_2(i,j)\oplus\varphi_3(i,j)\oplus\varphi_4(i,j)$，其中$\oplus$表示串联操作。

2. 基于神经网络的分类器

接下来在本文所提出的模型框架中，我们选用一个前馈神经网络来实现从产品对的关系特征到互补/替代关系预测的结果。这里选用一个最基本的神经网络，主要是因为我们发现通过关系建模得到的特征已经能够很好地捕捉产品对中与最终分类结果相关的信息，同时后面的实验结果也验证了这一想法。

（1）前馈神经网络。

根据之前的分析，我们得到每个产品对的特征向量作为神经网络的输入。这一输入被传递到隐藏层后首先经过线性变化，然后在此基础上通过选择合适的非线性激活函数来进一步进行特征抽取。在隐藏层中，我们使用 Rectifier 线性单元函数（" Rectified Linear Unit", ReLU）作为非线性的激活函数。这一激活函数对稀疏向量有较好的表现效果，并且有更快的训练速度。在正向传播过程中仅需要设定阈值，在反向传播过程中减轻了梯度弥散的问题，可以极大地加快收敛速度，相比 tanh 函数，收敛速度可以加快 6 倍[168]。具体地，对输入层的线性变换如下式，

$$a_1=W_1\cdot\phi+b_1$$

其中，$\phi\in\mathbb{R}^{4k^2\times1}$是产品对的特征向量，$W_1\in\mathbb{R}^{L\times4k^2}$表示变换矩阵，$b_1\in\mathbb{R}^{L\times1}$是偏差因子，L 是隐藏层的隐节点个数。$a_1\in\mathbb{R}^{L\times1}$表示输入层的线性变换结果。

Rectifier 激活函数的表达形式为：

$$\text{ReLU}(x)=\begin{cases}x, & x>0\\ 0, & x<0\end{cases}$$

经过 ReLU 变换后，我们得到隐特征矩阵 $H\in\mathbb{R}^{L\times 1}$，其中每个分量为：

$$H_l=\text{ReLU}(a_{1,l})$$

之后，隐藏层再次线性组合得到：

$$a_2=W_2\cdot H+b_2$$

类似地，$W_2\in\mathbb{R}^{C\times L}$和 $b_2\in\mathbb{R}^{C\times 1}$分别表示权重和偏差因子，$a_2\in\mathbb{R}^{C\times 1}$是隐藏层的线性变换结果，其中 C 是事先确定的产品关系的数目。如前所述，本文中我们将预测互补性关系和替代性关系作为两个独立的任务，每个任务为二元分类问题，因此在每个任务中关系标签的数目为 C＝1。值得注意的是，二元分类中，因为两类的概率和为 1，所以我们一般只关心其中一类。在神经网络的输出层中，也只需要一个节点。产品对有给定关系（例如产品 i 是产品 j 的替代品）的概率是：

$$p=\sigma(a_2)$$

其中

$$\sigma(x)=\frac{1}{1+\exp(-x)}$$

是 S 函数（Sigmoid function）。

调整输出层节点的数目，该模型可以很方便地扩展为对多个关系类别的预测。对于这样的多元分类问题，输入的产品对在每种关系类型上所对应的概率分布 p 为：

$$p=\text{softmax}(a_2)$$

其中

$$\text{softmax}(x)_k=\frac{e^{(x_k)}}{\sum_l e^{(x_l)}}$$

是 Sigmoid 函数的扩展。

（2）模型训练。

在训练上述模型时，我们采用交叉熵（cross - entropy）作为模型的损失函数，该损失函数用以衡量两个概率分布的差异性。假设样本集合中有 N 个产品对，每个产品对表示为（i, j），则该模型的目标损失函数通过计算所有样本的交叉熵的平均值得到。当 C = 1 时，

$$L(\Omega) = -\frac{1}{|N|}\sum_{(i,j)\in N}\{y_{i,j}logp_{i,j} + (1-y_{i,j})\ log\ (1-p_{i,j})\}$$

其中 Ω 表示模型中的参数集合，包括 W_1，b_1，W_2 和 b_2。$y_{i,j}$ 表示产品对（i, j）在给定关系上的真实标签，在这里取值为 0 或 1，$p_{i,j}$ 是本模型预测的该产品对有该种关系（互补或替代）的概率值。

在多元分类中，

$$L(\Omega) = -\frac{1}{|N|}\sum_{(i,j)\in N}\sum_{c=1}^{C}y_{i,j}^{(c)}logp_{i,j}^{(c)}$$

这里 $y_{i,j}^{(c)}$ 表示产品对（i, j）在关系类型 c 上的真实标签，取值为 0 或 1，$p_{i,j}^{(c)}$ 是本模型预测该产品对属于类型 c 的概率值。

通过最小化以上目标损失函数便可以训练得到该预测模型参数。在训练时，这里有多种优化算法可以应用，例如随机梯度下降（Stochastic Gradient Descent，SGD）、自适应次梯度算法（Adaptive Subgradient method，AdaGrad）[169]，自适应力矩估计法（Adaptive Moment Estimation，Adam）[170] 等。鉴于 Adam 方法的计算效率较高，且占用内存少，本文中我们选取 Adam 方法来训练模型的参数。

5.2.2 多输入模型

在构建了上述基本模型后，我们提出以下研究问题：除了对

产品评论的文本内容进行关系建模外，评论中是否还存在其他重要的预测因素能够帮助我们推断产品的关系？例如，互为替代的两个产品往往具有相近的流行度，使得二者拥有相似的评论数量和平均得分。对于互补品来说，消费者倾向同时购买它们，在两个产品下都会留下相应的评论，这就导致了互补品的评论中有较高的发布者重合度。因此，我们在基本模型的基础上，进一步提出了多输入模型，试图将与评论相关的尽可能多的非文本信息加入到预测模型中，以提高关系挖掘的准确率。

神经网络中的多输入模型（Multi - input model）在处理大量错综复杂的多源数据时有较好的表现。简单来说，我们的任务是预测一对产品的关系类型。模型的主要输入是评论的文本本身，也就是一个词语的序列。但我们还可以拥有额外的输入，包括上文提及的两个产品评论集合的发布者重合度等。图 5. 5 展示了多输入模型的架构。

已有研究表明在线评论的多个维度从不同侧面反映了其重要特征，并能以不同的方式影响消费者的决策[171,172]，这些维度包括：①评论的数量；②平均得分；③全部评论得分的方差；④评论的文本特征。因此，在多输入模型中，我们首先将以上三个非文本因素作为产品对的额外输入，即两个产品的评论数量之差、平均得分之差以及评分方差之差。选用这些因素将不同类型的产品区分开来的合理性是非常容易理解的——可以相互替代的产品往往具有相近的关注热度。例如，消费者的选择一般不会在两个评分数量相差非常大的数码相机间相互转换，并且改变最终购物决策。因此，和互补产品相比，替代品通常具有较小的评分数量之差。此外，评分的均值和方差是消费者对该产品偏好程度和偏好一致性的体现。同样地，替代品和互补品也倾向于有不同的“平均得分之差”和“评分方差之差”的概率分布。形式上，对任意产品对（i，j）来说，上述三个因素可以表示为：

- 评论数量之差

$$VOL(i, j) = |R_i| - |R_j|$$

- 平均得分之差

$$AVG(i, j) = \frac{1}{|R_i|}\sum_{t=1}^{|R_i|} r_{i,t} - \frac{1}{|R_j|}\sum_{t=1}^{|R_j|} r_{j,t}$$

- 评分方差之差

$$VAR(i, j) = \frac{1}{|R_i|}\sum_{t=1}^{|R_i|}(r_{i,t} - avg\{R_i\})^2 - \frac{1}{|R_i|}\sum_{t=1}^{|R_j|}(r_{j,t} - avg\{R_j\})^2$$

其中 $avg\{R_i\} = \frac{1}{|R_i|}\sum_{t=1}^{|R_i|} r_{i,t}$。

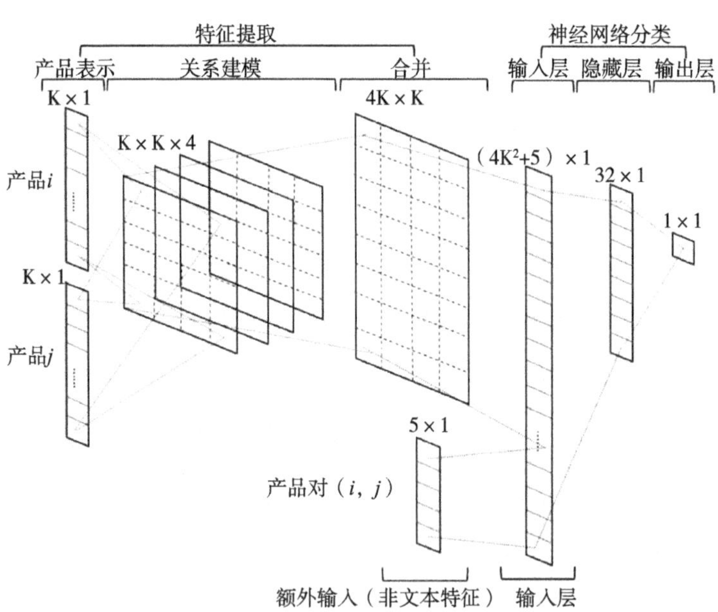

图 5.5　基于在线评论的产品关系挖掘框架——多输入模型

此外，许多情况下互补品在单独购买时会限制它的使用价值

(比如计算机硬件和软件)，或者即便可以单独使用，但在共同使用时却可以达到更优的结果[100]。因此，同一个消费者可能共同购买两个互为互补的产品并留下相应的评价。对于易耗品来说，用户也可能在不同时间段购买两个互为替代的产品，也会出现上述情况。从这一点分析，我们定义了一个布尔变量 AUT (i, j)，用来表示两个产品评论集合的“发布者重合度”。当产品对的评论集合中出现同一个发布者时，该变量取值为 1 否则为 0。形式上，

$$AUT(i, j) = \begin{cases} 1, & \exists \text{t and s}, \text{author}\{r_{i,t}\} = \text{author}\{r_{j,s}\} \\ 0, & \text{otherwise} \end{cases}$$

其中，$author\{r_{i,t}\}$ 表示单条评论 $r_{i,t}$ 的发布者。

最后，评论发布的时间也是一个重要的因素。直观上来看，如果两个产品具有互补或替代关系，消费者倾向于同时浏览或购买它们，因此有更高的概率使得消费者对两个产品发布的评论在接近的时间段内，造成评论发布时间重合度较高。如图 5.6 所示，产品对（1, 2）和（2, 3）在评论的其他信息相同的前提下，(2, 3) 的时间重合度更高，也说明二者有一定关系（互补或替代）的可能性更大。因此，我们定义另一个变量 $TIME$（i, j），用来表示两个产品的“评论发布时间重合度”。假设产品 i 的最早的一条评论发布时间为 s_i，最后一条评论发布时间为 e_i。同样地，产品 j 评论发布的起始和截止时间分别是 s_j 和 e_j。形式上，该变量的计算方式为：

$$TIME(i, j) = \begin{cases} 0 & s_j \geq e_i \\ 0 & s_i \geq e_i \\ e_j - s_j & s_i \leq s_j, \ e_i \geq e_j \\ e_i - s_i & s_j \leq s_i, \ e_j \geq e_i \\ e_i - s_j & s_i \leq s_j \leq e_i \leq e_j \\ e_j - s_i & s_j \leq s_i \leq e_j \leq e_i \end{cases}$$

其中 $s_i \leqslant e_i$ 以及 $s_j \leqslant e_j$。

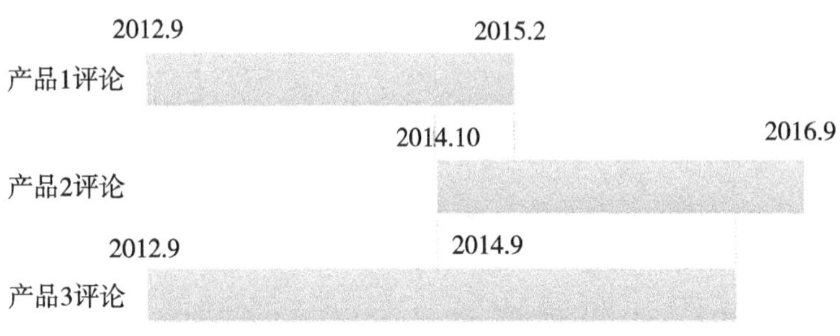

图 5.6　评论发布时间重合度示例

综上所述，我们将上述介绍的五个评论的非文本因素纳入到神经网络多输入模型中，作为辅助输入。也就是说，产品的特征表示现在是由关系建模得到的向量和非文本向量串联而成：

$$\phi_{i,j} = \phi_{i,j} \oplus \mathrm{VOL}(i, j) \oplus \mathrm{AVG}(i, j) \oplus \mathrm{VAR}(i, j) \oplus \mathrm{AUT}(i, j) \oplus \mathrm{TIME}(i, j)$$

之后，由新的产品对特征到最终关系类型的多层前馈神经网络，以及模型训练方法与前述基本模型一致。

5.3　关系挖掘方法在亚马逊数据上的应用

我们使用公开数据集国际亚马逊网站的在线评论来评估所提预测模型的有效性。该数据集按照产品的不同类别划分，包含了具体每个产品的元数据和评论数据。在本实验中，根据实际需要我们选取了两种类别的数据来评估模型的表现，即婴儿用品和电子产品，这是因为这两个类别的产品中的互补关系和替代关系明显且数量较多。

为获得方法比较的标准，我们需要得到产品真实关系的标签。具体地，由于训练模型所需的数据量十分巨大，人工标注互补和替代关系不太现实。因此，我们采纳已有研究中[116]的做法，使用亚马逊网站上以下四种推荐网络作为实验中真实的产品关系标签。其中，前两种网络体现了共同购买关系，由它们相连的产品对认为是互补品，后两种网络体现了共同浏览和相互比较的关系，由它们相连的产品对认为是替代品。值得一提的是，此处用推荐网络数据作为标签不可避免地会有一些无法反映真实替代互补关系的情况，这是技术研究中使用“线下实验”的方式评估算法时均会遇到的问题之一[37]。已有研究[116]同样使用该标签进行算法评估，说明了这一实验设置的合理性和普适性。此外，我们选取的两个产品类别“婴儿用品”和“电子产品”相较于其他类别而言，互补替代的关系更为明显，歧义性较小，并且分别作为消耗品和耐用品的代表，使得方法的验证更具有说服力。

- 购买了产品 x 的用户也购买了产品 y（" *Users who bought x also bought y*"①
- 用户经常同时购买产品 x 和产品 y（" *Users frequently bought x and y together*"）
- 浏览了产品 x 的用户也浏览了产品 y（" *Users who viewed x also viewed y*"）
- 浏览了产品 x 的用户最终购买了产品 y（" *Users who viewed x eventually bought y*"）

以上述四种推荐网络作为类别的真实标签，当产品为利基产品，本身的销量过少而不足以生成共同购买/浏览网络时，或者虽有可观的销量但较少与其他产品产生关联时，本章所提模型可以利用已有的评论数据推断其关系类型。此外，我们的模型也能够帮助消费者从话题关系上理解两个产品为什么相关。两个类别

① 数据集来自英文网站。

的数据子集的描述性统计如表5.1所示。由于本预测模型建立在对产品评论的分析上，因此在以下的统计表中我们还过滤掉了那些评论数目为零的产品。

表5.1　数据集的描述性统计

数据集	婴儿用品	电子产品
产品数目（过滤后）	64426	476002
所有评论数目	915446	7824482
互补关系产品对	1754207	4669319
替代关系产品对	2457741	6056225
互补关系产品对（过滤后）	610556	2676393
替代关系产品对（过滤后）	993232	3599133

1. 实验设置

在进行效果实验之前，我们还将那些同时是互补关系和替代关系的产品对从数据集中删掉。例如，产品 B 有可能同时出现在产品 A 的共同购买和共同浏览两种类型的推荐列表中，造成互补替代关系不明确或有歧义。之后，数据集被随机分成三部分，80%作为模型训练集，10%作为模型校验（*validation*）以防止过拟合，剩余的10%作为测试集。

值得一提的是，由于数据集中正例和负例的数目不同，我们通过随机选取一定数目的无关产品对的方法构造了一个平衡数据集，使得正例的数目等于负例的数目。此外，为了体现本章所提出的模型可以将两种不同类型的产品关系很好地区分开来，在预测互补关系时，我们将替代关系的产品对和无关产品对一起作为负例来训练模型。同样地，在预测替代关系时，互补关系也作为负例输入到模型中。由于本模型是建立在对评论数据的分析上，当产品没有评论或者评论数目过少时，会影响模型的表现效果，因此，采用已有研究中的处理方法[116]，我们同样过滤掉了评论数目小于 20 的产品，即 $min\_appear = 20$。

2. 横向比较方法

在已有研究中直接解决“产品关系挖掘”这一问题的并不多，其中 *McAuley* 等人[116]的工作是与本章工作最为接近的，因此我们主要与他们的模型（*Sceptre*）相比较。在他们的工作中已经说明了逻辑回归相较于其他分类方法（如 *SVM*）效果更好些，因此，我们还构造了另外两个以逻辑回归为基础的横向比较方法，用以说明本章所提模型中不同模块的优越性。

- 随机法（*Random*）：对每个预测任务（挖掘互补性关系或者挖掘替代性关系），随机生成 0 到 1 的实数 $rand \in [0, 1]$，当 $rand \leqslant 0.5$ 时预测该产品对是相关的，否则预测结果为无关。如前所述，我们构造了一个正例和负例平衡的数据集，因此随机法的预测准确率约为 50%。
- 逻辑回归（*Logistic*）：该方法首先训练 *LDA* 模型以得到产品的向量表示，然后直接使用逻辑回归对其进行预测。本方法仅使用两个产品话题向量的相似度来作为逻辑回归的输入，即向量内积 $sim(i, j) = (1, \theta_{i,1} \cdot \theta_{j,1}, \theta_{i,2} \cdot \theta_{j,2}, \cdots, \theta_{i,K} \cdot \theta_{j,K})$。其中话题数目 K 与我们所提模型中的保持一致。
- 增强逻辑回归（*Logistics Enhanced*）：为验证本文所提基本模型中关系建模的有效性，我们使用与基本模型相同的特征作为逻辑回归的输入得到预测结果，即包含以下四种不同的话题关系向量：$\theta_{i,k} \cdot \theta_{j,l}$，$(1-\theta_{i,k}) \cdot \theta_{j,l}$，$\theta_{i,k} \cdot (1-\theta_{j,l})$，$(1-\theta_{i,k})$，$(1-\theta_{j,l})$，$\forall k, l \in [1, K]$.
- *Sceptre*：该方法来自于已有研究[116]，通过构建新的损失函数，实现同时训练话题模型和逻辑回归的目的。

5.3.1 非文本因素的实验证据

我们首先对数据集进行了探索性分析，通过实验证据说明多输入模型中所选取的五个非文本因素的合理性。如前所述，五个因素包括评论数量之差、平均得分之差、评分方差之差、发布者重合度和评论发布时间重合度。若五个因素在不同产品关系类型的数据子集中有显著不同的分布，说明该因素有助于区分关系类型，可以提高预测结果准确率。下面我们使用婴儿用品数据集来进行说明。

1. 评论数量之差

首先，我们随机选取了一个包含800000无关产品对的数据子集，这是由于婴儿用品数据集中互补品和替代品的数目都大致在这个数量级，为使结果可比而选择的800000这个数值。之后，分别计算三个数据子集（即互补品子集、替代品子集、随机子集）中每个产品对的评论数量之差并比较三者是否有显著不同。图5.7分别展示了三个子集在这一变量上的分布直方图和概率密度图，其中横轴均表示“评论数量之差”，直方图的纵轴表示产品对的数量，概率密度图的纵轴表示对应的概率密度值。

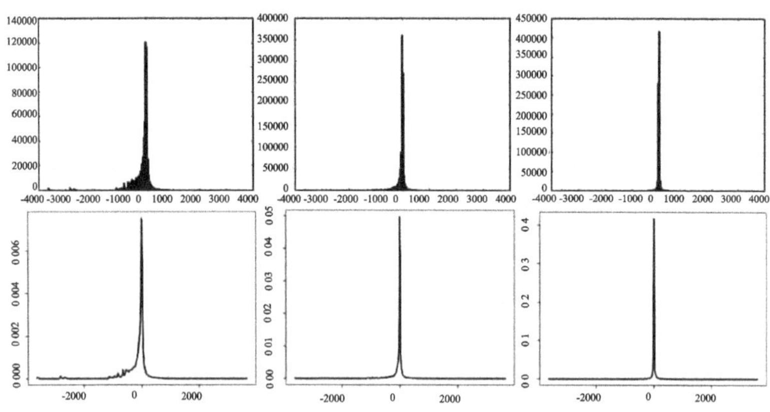

图5.7 三种产品关系的评论数量之差分布（从左至右：互补、替代、随机）

从图 5.7 中可以看出，和随机子集相比，互补品和替代品在这一变量的分布上具有各自的特点。正如我们所料，一般说来互补品的评论数量之差要大于替代品的评论数量之差。此外，互补品在这一变量上的分布是不对称的。而随机子集分布的峰值较大，说明绝大多数取值为 0。这是因为随机选择一个产品，它有很大可能性只有一条评论（因为我们过滤掉了零评论的产品），导致二者评论数量之差为 0。随后，我们使用双样本 *Kolmogoro - Smirnov*（*KS*）检验来验证三个分布是否有显著差异性。*KS* 检验基于累积分布函数，用以比较两个分布是否有显著性差异，并且它不依赖于样本数据来自服从正态分布的总体的假设，是最常用的非参数检验方法之一。表 5.2 展示了 *KS* 检验的结果，*p - value* 表明三个数据子集在评论数量之差这一变量上的分布两两之间均有显著性差异。

表 5.2　三个数据子集在“评论数量之差”上分布的 *KS* 检验

	D 统计量	*p - value*
互补品子集 *vs.* 随机子集	0.46253	$<2.2e-16$
替代品子集 *vs.* 随机子集	0.30262	$<2.2e-16$
互补品子集 *vs.* 替代品子集	0.22297	$<2.2e-16$

2. 评分差异：均值和方差

使用与上述相似的步骤，我们同样计算了三个数据子集中各个产品对的评分的均值和方差之差。图 5.8 和图 5.9 分别给出了均值之差以及方差之差在三个子集上的分布。从图中可以观察到，随机子集的评分均值之差在整数如 -3、-2、-1 等上有较多的分布，而评分方差之差在取值为 0 处有较多的分布。同样地，这是由于许多随机选取的产品只有一条评论，其评分为整数值以及方差为 0，两个产品作差后使得评分均值之差为整数，而方差之差为 0。相较而言，互补品子集和替代品子集的分布比较平缓，分布在极端数值上（如 -4 或 4）上的点较少。进一步地，*KS* 检验也表明三个子集在这两个变量上的分布也都有显著性差异。

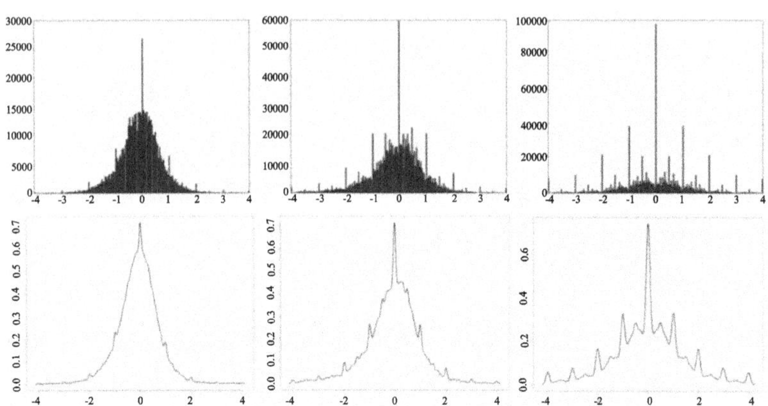

图 5.8　三种产品关系的平均得分之差分布（从左至右：互补、替代、随机）

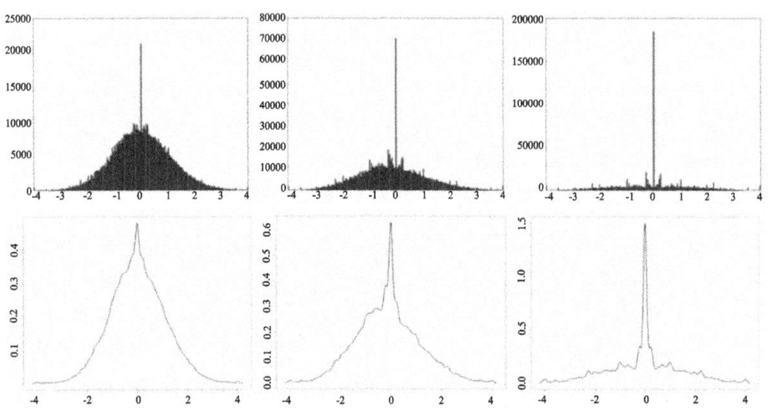

图 5.9　三种产品关系的评分方差之差分布（从左至右：互补、替代、随机）

3. 发布者重合度

直观上看，相关产品通常会被一起购买，因此同一个消费者会在两个产品上都留下评论。因此，造成发布者重合度 *AUT*（i,

j）在互补品子集和替代品子集上的百分比应该显著高于随机子集（即无关产品对）的百分比。根据这一分析，我们计算了三个数据子集中出现了发布者重合的产品对占总产品对的比值，结果展示在表 5.3。可以看出，互补品和替代品的这一比值明显高于随机产品对，说明“发布者重合度”是区分不同类型产品关系的一个重要因素。

表 5.3　三个数据子集的评论发布者重合占比情况

数据子集	总产品对数	发布者重合的产品对数目	发布者重合比例
互补品子集	610556	4276	0.70%
替代品子集	993232	4580	0.46%
随机子集	800000	11	0.001%

4. 评论发布时间重合度

对任意产品对，我们计算其评论发布时间重合度 $TIME$（i，j），以及该重合度占每个产品的评论发布时间跨度的百分比，即 $Per_i = TIME(i, j) / (e_i - s_i)$ 和 $Per_j = TIME(i, j) / (e_j - s_j)$。图 5.10 展示了变量 $TIME$（i，j）在三个数据子集上的直方图分布和概率密度分布。可以明显看出，随机子集中产品对的评论发布时间重合度绝大部分为 0，而互补品和替代品则有更高的重合度。类似地，*KS* 检验也表明三个子集在这一变量上的分布是显著不同的。

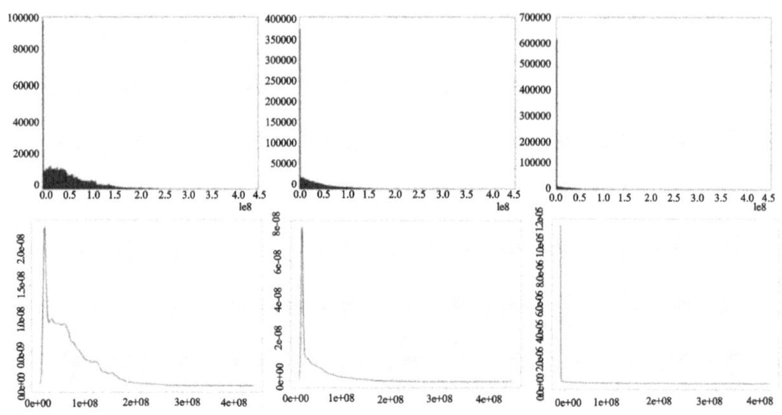

图 5.10　三种产品关系的评论发布时间重合度分布（从左至右：互补、替代、随机）

为进一步验证评论发布时间重合度是预测产品关系类型的重要因素，由于相对值比绝对值在不同产品对之间更具有可比性，我们还在图 5.11 中展示了变量 Per_i 的概率密度分布。从中也可以明显看出三个子集在该变量上的分布显著不同：互补产品对的发布时间完全重叠的比例最高（即 $Per_i = 1$），替代品子集次之，而随机子集中绝大多数的产品对评论发布时间重合度都为 0。在接下来的实验中，我们使用 *Peri* 来作为描述时间重合度的代理变量。

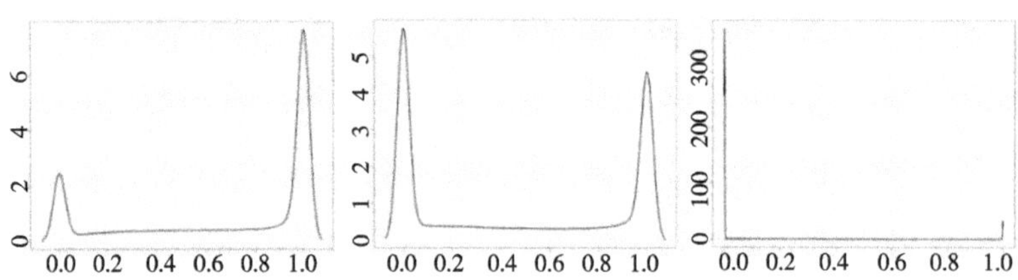

图 5.11　三种产品关系在变量 Per_i 的概率密度分布（从左至右：互补、替代、随机）

5.3.2 模型效果分析

模型效果实验的目的是为了通过真实数据实验来比较本章提出的预测模型相较于其他预测方法的优越性。在与几个横向方法比较时，除随机法外，都用到了话题建模，这里我们将话题数目设置为 *num_topics* = 100。该参数的设置来自于已有研究[116]，在后文中我们将会进一步讨论该参数不同取值时本章所提方法的鲁棒性。不同方法对互补关系和替代关系预测的准确率如表 5.4 所示。从表中可以看出，在预测互补性关系和替代性关系时，多输入模型的预测准确率都要高于所有的其他横向方法。再者，仅使用基本模型预测时，准确率也明显高于逻辑回归、增强逻辑回归和随机法，这验证了本章所提出的产品关系挖掘框架的优势。

表 5.4　不同方法对互补关系和替代关系的预测结果

比较方法	婴儿用品数据集		电子产品数据集	
	预测互补关系	预测替代关系	预测互补关系	预测替代关系
Multi - input Model	94.86%	94.89%	98.52%	96.18%
Basic Model	85.11%	81.99%	90.75%	87.14%
Sceptre	93.65%	92.18%	88.80%	95.70%
Logistic	58.21%	84.73%	71.88%	83.24%
Logistic（*Enhanced*）	70.83%	85.84%	76.73%	85.36%
Random	51.48%	50.85%	50.68%	50.64%

几种方法具体在电子产品数据集上的表现大部分要优于在婴儿用品数据集的表现，这可能是因为电子产品比婴儿用品类别有更大的数据量（47 万个产品 *vs.* 6 万个产品），使得模型训练结果更准确。我们将在下一部分讨论数据稀疏性对方法表现的影响。

可以很直观看到，在预测替代关系时，*Logistic*（*enhanced*）方

法比 *Logistic* 方法的准确率并没有很大的提高，而在预测互补关系时提高了较大的准确率。这是因为消费者在评论替代品时多讨论共同的话题，因此在不同的话题上的话题联系较弱，加入额外的关系建模（如体现话题差异性的特征 $(1-\theta_{i,k})\times\theta_{j,l}$）后并没有使得预测精度有很大的提升。此外，多输入模型（Multi－input）相比于 Sceptre 方法的提升情况不是一成不变的。在预测互补关系时，多输入模型在电子产品数据集上表现更好；而在预测替代关系时，准确率在婴儿用品数据集上有更大的提升。由于在一些情况下基准方法已经实现了较高的准确率（如 Sceptre 在预测电子产品数据集的替代关系时达到 95.70% 准确率），因此限制了其准确率的改进空间，造成效果提升可能并不十分明显。

通过比较 Logistic（Enhanced）和 Logistic 方法的预测结果，说明了本文提出的关系建模过程能够提升产品关系挖掘的准确率；通过比较 Multi－input 和 Basic 方法的预测结果，我们验证了额外输入的五个非文本因素的有用性；通过比较 Basic 和 Logistic（Enhanced），说明了所提出的基于神经网络的预测方法的有效性。总之，通过与几个横向方法比较，可知多输入模型中的各个模块都有助于产品关系的预测。

此外，为给出产品关系挖掘方法效果的直观展示，表 5.5 和表 5.6 分别列出了本文所提方法得到的互补产品对和替代产品对的结果示例，通过人工标注可知该方法能较准确地识别产品间的互补和替代关系。

表 5.5 挖掘得到的互补产品对举例

数据集名称	产品 1 名称	产品 2 名称
婴儿用品	Planetwise Flannel Wipes	Bumkins Flushable Diaper Liner
	Cloth Diaper Pins Stainless Steel Traditional Safety Pin (Black)	OsoCozy – Unbleached Birdseye Flat Diapers (Dozen)
	Safety 1st Power Strip Cover	Blind Cord Wind – Ups
	Soft Teething Beads	MAM Cooling Relief 4 + Months, Color May Vary Cooler Teether 1ea
电子产品	Mini Display Port to VGA Cable Adapter for Monitor/Projector to Macbook Air/Pro	iPearl mCover Hard Shell Case with FREE keyboard cover for Model A1278
	Barnes&Noble NOOK Tablet 16gb (Color, BNTV250)	GMYLE (TM) Pink Leather Carrying Slim Perfect Fit Flip Folio Portfolio Book Style Case Cover
	Leegoal 8GB/16GB Owl Crystal Jewelry USB Flash Memory Drive Necklace	8GB Owl Design USB Flash Drive
	30GB TOSHIBA ZIF 1.8" 4200RPM IPOD HARD DRIVE MK3008GAL HDD1642	White headphone jack hold switch for iPod Video 5G 30GB

表 5.6 挖掘得到的替代产品对举例

数据集名称	产品 1 名称	产品 2 名称
婴儿用品	Lifefactory 40z BPA Free Glass Baby Bottles	Lifefactory BPA – Free Flat Caps for4&9 – Ounce Glass Baby Bottles
	Nature's Lullabies Second Year Sticker Calendar	Avalanche – Perfect Timing Baby's First Year Calendar, Boy (7002073)
	Glow Baby Baby's First Journal, Green	Baby's Eat, Sleep&Poop Journal, Log Book (Aqua)

续表

数据集名称	产品1名称	产品2名称
婴儿用品	New Style Trailing Cherry Blossom Tree Decal Removable Vinyl Kids Wall Decal Wall Sticker Peel and Stick	Blossoms and Branches Decorative Peel & Stick Wall Art Sticker Decals
电子产品	Digital Organizer and Messenger	Scholastic Electronic Pda Organizer
	CLIKR – 5 Time Warner Cable Remote Control UR5U – 8780L	URC R40 "My Favorite Remote" Advanced Universal Remote Control for up to 18 A/V Components
	Barnes&Noble Jonathan Adler Book Reader Cover Hd – Elephant (9Bn50329) – Barnes And Noble	FINTIE Slim Fit Folio Case for Barnes& Noble Nook HD + 9 inch Tablet (Support Auto Sleep/Wake Function) – Polka Dot
	65W/90W DC Car Charger for Dell Inspiron, Latitude, Studio, Vostro&XPS Laptops (Lifetime Warranty, Bulk Packaging)	Pwr + 7.4mm 10Ft 90W Laptop – Car – Charger for Dell – Inspiron N4110

5.3.3 鲁棒性分析

1. 参数设置：不同的话题数目

通过设置 LDA 模型中不同的话题数目（即 num_topics）取值，我们发现预测准确率并没有大的变动，这进一步验证了本章所提方法的鲁棒性。以婴儿用品数据集为例，表 5.7 给出了多输入模型（Multi – input model）在不同参数下的两个预测任务的准确率。

表 5.7　不同话题数目下的多输入模型预测准确率

预测任务	K = 20	K = 40	K = 60	K = 80	K = 100	K = 150	K = 200
互补关系	94.76%	95.21%	93.72%	95.02%	94.86%	95.49%	95.57%
替代关系	94.08%	94.87%	95.10%	95.78%	94.89%	94.77%	95.27%

2. 稀疏数据的表现

在上述实验结果中，由于预测模型是建立在对评论信息的分析上，因此我们过滤了评论数目过少（即：min_appear = 20）的产品。这一临界值的选择影响了实验中数据集的稀疏性，因此对模型的预测效果也有一定的影响。过滤后的每个产品有更多的评论数目，然而也会造成数据集中的训练样本数大量减少。例如，当临界值选为 20 时，电子产品数据集中剩余约57000个产品，而当临界值为 10 时，该数据集约有 97000 个产品。因此，该临界值取值越大，数据的稀疏性越高，导致预测准确率降低。这也就部分解释了为什么随着数据集中最小评论数目的提高，预测准确率在不断降低。

为充分理解稀疏性在模型表现中所扮演的角色，我们选取不同的临界值得到新的数据集，即 min_appear $\in \{10, 15, 20, 25\}$，分别重复基本模型和多输入模型对互补关系和替代关系的预测。两个模型在婴儿用品和电子产品数据集上的预测结果分别展示在表 5.8 和 5.9 中，其中 Baby_ 10 代表婴儿用品数据集在临界值为 10 时的数据集。多输入模型（Multi - input）对基本模型（Basic）的改进率定义为：

$$\text{Improvement} = \frac{Accuracy_{\text{multi - input}} - Accuracy_{basic}}{Accuracy_{basic}} \times 100\%$$

表 5.8 “婴儿用品”不同稀疏度下两个模型的预测准确率

数据集（模型）	预测互补关系	预测替代关系
Baby_10 (Basic)	88.30%	84.35%
Baby_10 (Multi - input)	96.11%	95.86%
Improvement	**8.84%**	**13.65%**
Baby_15 (Basic)	86.38%	82.92%
Baby_15 (Multi - input)	94.83%	95.70%
Improvement	**9.78%**	**15.41 %**
Baby_20 (Basic)	85.11%	81.99%
Baby_20 (Multi - input)	94.86%	94.89%
Improvement	**11.46%**	**15.73%**
Baby_25 (Basic)	85.01%	82.06%
Baby_25 (Multi - input)	95.71%	95.00%
Improvement	**12.59%**	**15.77%**

表 5.9 “电子产品”不同稀疏度下两个模型的预测准确率

数据集（模型）	预测互补关系	预测替代关系
Electronics_ 10 (Basic)	91.41%	87.96%
Electronics_ 10 (Multi - input)	98.53%	96.11%
Improvement	**7.79%**	**9.27%**
Electronics_ 15 (Basic)	91.47%	87.69%
Electronics_ 15 (Multi - input)	98.99%	96.12%
Improvement	**8.22%**	**9.61%**
Electronics_ 20 (Basic)	90.75%	87.14%
Electronics_ 20 (Multi - input)	98.52%	96.18%
Improvement	**8.56%**	**10.37%**
Electronics_ 25 (Basic)	89.12%	86.12%
Electronics_ 25 (Multi - input)	90.80%	95.79%
Improvement	**10.86%**	**11.23%**

从表 5.8 和 5.9 中可以看出，随着数据稀疏度的提高，多输入模型相对于基本模型的改进率在不断提高。这说明在数据越稀疏时，多输入模型中额外引入的非文本因素对于产品关系的预测越能够发挥更大的作用。

3. 不同额外信息的预测表现

在多输入模型中，我们在已有神经网络预测方法的基础上引入了五个非文本因素作为模型的额外输入。尽管已经在 5.4.1 小节中说明了选择这些因素的合理性，接下来的部分我们还将通过比较“基本模型”以及在“基本模型”上分别加入各个因素后的表现来说明它们的预测能力。图 5.12、5.13、5.14、5.15、5.16 分别展示了基本模型加入评论数量之差（图中用 reviewNum 表示）、平均得分之差（图中用 avgRating 表示）、评分方差之差（图中用 ratingVar 表示）、发布者重合度（图中用 autOverlap 表示）和评论发布时间重合度（图中用 timeOverlap 表示）后在多个数据集下的准确率，其中蓝色折线表示基本模型预测互补关系时在不同数据集上的准确率，黑色折线表示基本模型预测替代关系时在不同数据集上的准确率，其余各颜色折线则表示加入某种额外信息后的准确率结果。

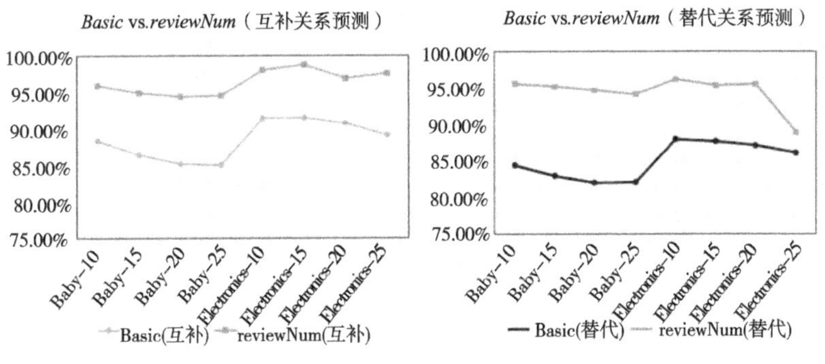

图 5.12　加入“评分数量之差”额外信息后的准确率提升

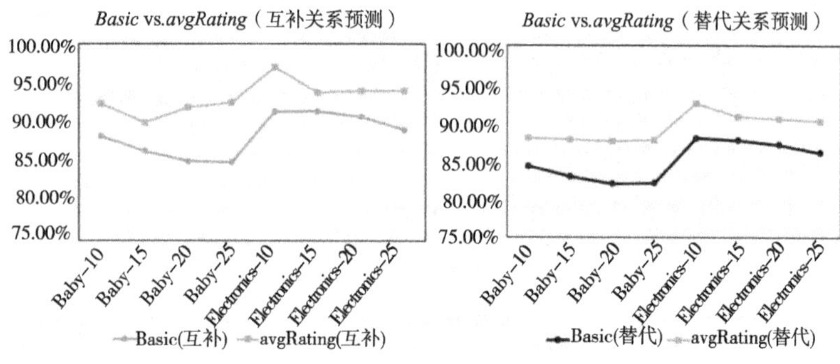

图 5.13　加入“平均得分之差”额外信息后的准确率提升

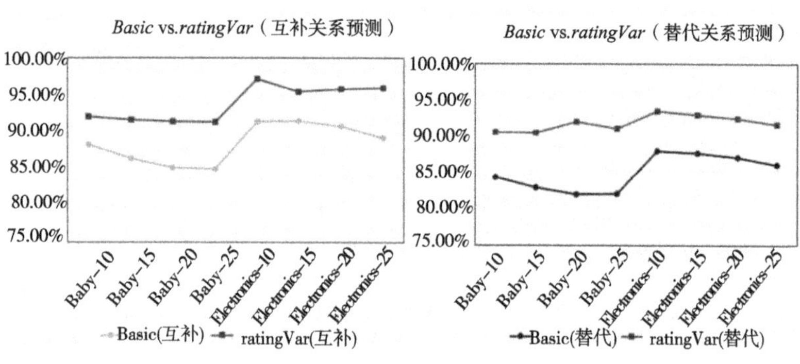

图 5.14　加入“评分方差之差”额外信息后的准确率提升

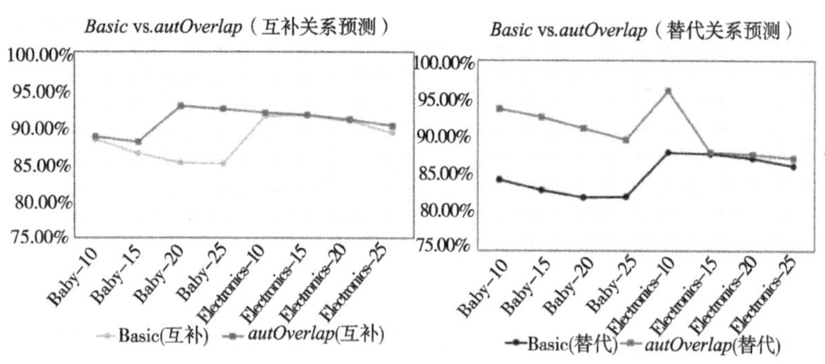

图 5.15　加入“发布者重合度”额外信息后的准确率提升

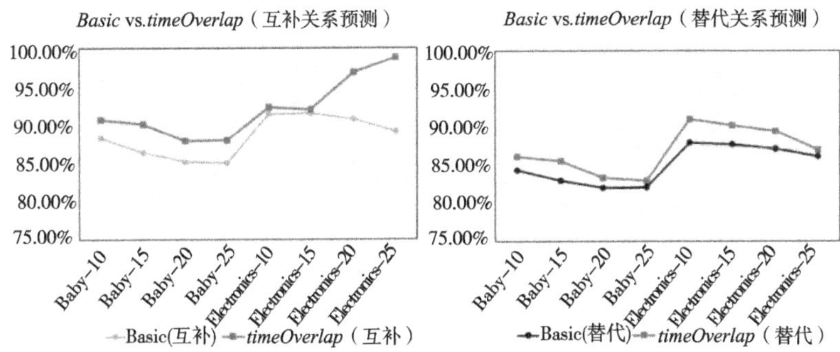

图 5.16　加入“评论发布时间重合度”额外信息后的准确率提升

从图中可以明显看出，所有情况下五个因素均使得基本模型的准确率有一定的提升，但在不同的数据集和预测任务中（互补关系或者替代关系）其提升程度又有所不同。例如，在 Electronics_ 20 的数据集下，加入评论发布时间重合度（timeOverlap）因素后在预测互补关系时有很大的准确率提升（由 90.75% 到 96.82%），但在预测替代关系时提升程度并不大（由 87.14% 到 89.47%）。再比如，五种非文本因素中，发布者重合度（autOverlap）在 Electronics_ 20 上两种预测任务下的表现都是最差的，而在 Baby_ 20 数据集上的提升程度并不差。此外，我们还发现发布者重合度（autOverlap）因素在电子产品数据集上预测替代关系时有很少的准确率提升，这是因为电子产品多属于耐用品，很少消费者会同时购买或在较短时间段内购买两个可互相替代的耐用品，从而使得评论集合的发布者重合度可能与随机产品对集合中的发布者重合度并没有显著差异，这种情况下该因素对于预测准确率的提升程度较小。

5.4 本章小结

本章旨在探索推荐系统进一步改进的方向，即挖掘产品的互补性和替代性关系。以往的推荐系统研究中，学者关注于直接改进已有的推荐算法，而本章则是从推荐的“上游”提出研究问题，即“产品是怎样关联在一起的?”。研究表明，消费者在不同情境下、不同决策阶段下会偏好不同类型的产品推荐，因此挖掘产品的互补和替代关系，是以提高用户支付意愿为目标而改进推荐策略的重要步骤。同时，产品关系的识别也有助于对平台上海量商品的自动归类，以及根据消费者所处生命周期的不同阶段对推荐结果重组、设计多样性的推荐算法等。虽然消费者直观上对当前产品的互补品和替代品有一个大致的了解，但仅仅是停留在大的类别层面，如电脑和鼠标是互补品，但在具体产品层面并没有清晰的认识，比如惠普的某个型号的电脑和哪一款鼠标的互补程度最高，又和哪一款笔记本电脑的替代性最强，如何进行合理的推荐？对这些问题消费者并没有很好的答案。尤其在海量数据环境中，消费者处理信息的能力受到很大的局限，因此设计数据挖掘算法以自动识别产品的互补替代关系对消费者而言也有着积极意义。

本章介绍了一个以神经网络为基础的产品关系挖掘框架来对产品的在线评论进行分析，该框架包括特征选取（产品表示和关系建模）以及神经网络分类两大部分。具体地，在该框架中有了两个模型，“基本模型”以评论的文本内容为基础，通过 LDA 话题模型对产品进行表示，然后通过关系建模来表示二者话题上的相似性和差异性，用以刻画互补关系和替代关系的各种话题模式，抽取出来的特征作为神经网络的输入；“多输入模型”从用户发表评论的行为模式出发，在基本模型的基础上加入五个非文本因素，即评论数量之差、平均得分之差、评分方差之差、发布者重合度和评论发布时间重合度，进一步提高了关系挖掘的准确率。通过对国际亚马逊网站上的真实评论数据实验表明，本章所提出的预测模型要优于其他已有预测方法，并且在稀疏数据和不同参数设定下表现良好，验证了方法的鲁棒性。

本章内容从行为视角的实证研究结论中探索技术改进的方向，扩展了推荐系统领域研究的边界。在推荐系统的相关研究中，直接预测产品关系的文献较少，与本章方法最相关的工作是McAuley等人[116]利用在线评论的文本内容，使用逻辑回归对产品关系的预测。这一工作的局限性在于仅仅使用了产品评论的文本内容，并且利用对应话题相乘的方式来表示评论的相似性而忽略了评论在话题上的差异性。此外，逻辑回归方法更适用于对线性关系的建模，而对非线性关系的预测效果较差。本章内容针对以上局限性介绍了新的产品关系预测方法，其主要创新点和贡献包含几个方面：首先，在设计产品挖掘方法时对产品进行话题向量化表示，关系建模得到的特征中既包含了产品表示的相似性，也包含其差异性，全面地刻画了互补和替代关系中可能存在的多种话题模式。其次，与以往基于在线评论的研究相比，本章还考虑了评论的非文本因素，进一步提高关系挖掘的准确率，丰富了以产品评论为分析对象的算法设计思路。再者，提出了以神经网络为基础的预测方法，能够较好的建模产品关系预测问题中可能存在的非线性关系。最后，互补品和替代品的发现也为今后设计多样性推荐结果提供了新的研究视角。

第六章　结语

随着互联网渗透率的提升和电子商务的日臻成熟，网络购物以其方便、快捷、多样的优势已逐渐成为人们的主要购物方式。同时，电子商务平台上信息的泛滥也意味着消费者在寻找合适的信息时必须付出更大的成本，因此个性化产品推荐系统应运而生。通过对购物平台上的历史交易记录分析和建模，产品推荐系统能够精确刻画消费者行为和偏好，预测其未来的购买行为，迅速找到所需要的信息来辅助消费者决策。一方面，如何提高产品推荐的准确率进而提升用户满意度是商家和平台所面临的主要问题。另一方面，这一信息推送模式的存在也会潜在影响消费者的购物行为。本书着眼于产品推荐系统与消费者的交互过程，分别从信息系统研究方法论的技术视角和行为视角出发，针对不同产品特征（即同质性产品和不同质产品）下的推荐问题进行阐述。

6.1　考虑产品特征的个性化推荐总结

从技术视角，本书针对同质性产品推荐的准确性维度，构建了一种考虑预测不确定性的产品个性化排序方法。该方法在经典的协同过滤基础上，首先依据其预测过程中数据稀疏性造成的预测偏差问题，提出了两个关键因素对这一不确定性建模，并进一步将不确定性融入到排序过程中，对传统按照预测值从高到低排序的方式进行修正，使得消费者在顺序浏览过程中获得的搜索收益增量最大。最后，以 MovieLens 电影推荐和排序为应用场景，通过大量实验验证了本文所提方法的效率和效果。结果表明，考虑不确定性后的方法在 Top - N 推荐效果和整个产品列表排序效果的比较中都要优于传统的协同过滤排序方法，同时，这一相对改进率随着数据稀疏性增大而单调递增，说明了本文方法在处理稀疏数据时的鲁棒性更好。最后还对算法的时间复杂度进行了理论分析和数据验证。

其次，从行为视角考虑推荐系统的多样性维度，本书讨论了在不同质产品推荐集合的背景下，互补品和替代品两种类型推荐结果对消费者支付意愿的影响。从消费者行为相关理论出发，本部分内容针对用户和推荐系统的互动过程提出了六个假设，包括推荐类型、推荐产品的价格和消费者决策阶段的主效应及交叉效应。随后，通过设计全因子用户实验，即 2（推荐类型：互补品与替代品）×2（推荐产品相对于主要产品的价格：低与高）×2（消费者决策阶段：阶段一与阶段二）的实验设计方法，模拟消费者在电子商务网站的两阶段购物过程，并利用消费者选择愿意支付的产品市场价格百分比的方式来测量支付意愿。在结果分析中，我们使用了三因子方差分析、正交对比分析和线性回归分析的方式来验证所提出的假设。此外，本书还在不依赖数据正态分布假设的前提下，对结论进行了鲁棒性检验，使用 Mann - Whitney - Wilcoxon 和 Kruskal - Wallis 非参数检验方法验证三个主效应，以及使用 Tobit 回归模型处理支付意愿中存在截尾数据的情况。分析结果表明，总体来看，消费者对主要考察产品的支付意愿并不会受到推荐的相关产品的类型的显著性影响，即推荐互补型或替代型产品时的支付意愿并无明显差异，而被推荐产品的价格和消费者的决策阶段均对消费者支付意愿有显著的正向主效应。再者，消费者在不同购买阶段时偏好不同类型的推荐，即处于后期购买阶段的用户在面对互补品推荐时支付意愿更高，这一结论说明了推荐时机的重要性，也为推荐策略的改进方向提供了思路。

最后，本书在第五章介绍了互补性和替代性产品关系挖掘方法。产品关系挖掘有助于电商平台对海量产品的自动分类，推荐结果的重新排列组合以适合具体的场景，以及基于互补替代关系的多样性推荐算法的设计，是对推荐系统领域研究的重要补充。我们以产品的在线评论作为数据源，使用 LDA 话题模型将产品的文本内容映射到低维的话题向量空间中，并构建产品两两之间的特征函数来对它们的关系建模，既包含话题相似性，也包含差异性，相较于已有研究更加全面地捕捉了互补性和替代性的关系特征。此外，从实际观测结果出发，本文还考虑了在线评论的五个非文本特征，即评论数量之差、平均得分之差、评分方差之差、发布者重合度以及评论发布时间重合度。之后，构建了一个以神经网络为基础的产品关系挖掘框架，并设计了该框架下的两个模型，即“基本模型”和“多输入模型”。其中“基本模型”利用评论的文本特征来预测产品关系，而“多输入模型”同时利用文本特征和非文本特征，进一步提高预测准确率。本书还使用国际亚马逊网站的在线评论来评估所提模型的有效性，并讨论了预测模型在不同参数和稀疏性水平数据集下的表现。

综上，本书从技术视角和行为视角对产品推荐有了一个较为全面的认识，包括推荐相关算法的设计和改进，以及推荐系统对消费者行为的影响机制探究。本书内容对于营销决策中如何设计合适的推荐策略具有指导和借鉴意义。例如，对预测不确定性的估计结果可以作为推荐系统的一种解释机制存在，也就是说，可以同时展示给消费者预测评分和该预测的不确定性，既增加了推荐系统的透明度，同时也提供了多种信息帮助消费者更好地决策。对于风险规避型的用户，他可能更看重预测的可靠程度，因此倾向于选择不确定性低的推荐结果去进一步考察，而对于风险偏好型的用户，则可能更看重预测值，而对不确定性并不十分在乎，因此倾向于选择预测值高的推荐结果去进一步考察。这种由消费者自行决定每部分信息的权重的方式有更大的灵活性。此外，也可以呈现给消费者综合考虑预测值和不确定性后的产品排序结果，即本文提出的排序方法，这种方式下使得消费者在顺序浏览过程中获得的收益增量最大。这样，在消费者考察商品的过程中，如果发现预测的收益增量（本文提出的排序方法的中间结果，也可以展示给消费者）小于或者等于相应的成本（如时间、金钱、脑力和体力等），就可以及时停止搜索，优化搜索行为。

对互补和替代推荐的行为影响研究探索表明，互补品推荐应该推迟到消费者的后期决策阶段，同时推荐列表中可以在保证相关性的条件下适当选择价格较高的商品，能够显著提升消费者对当前商品的支付意愿。一些电商平台如亚马逊在进行产品推荐时，没有考虑消费者所处的决策阶段，而在所有产品的页面中都展示了两个推荐列表——“浏览了该商品的用户最终购买了”和“购买了该商品的用户还购买了”，其中该列表中绝大多数产品分别是当前商品的替代品和互补品。根据本书第四章的结论，可以建议电商平台分析消费者的浏览、点击等日志数据以确定其所处的决策阶段，然后在不同阶段只展示对应的互补品或替代品推荐列表。此外，本文介绍的互补和替代产品关系挖掘方法也提供了一种新的商品组织方式和过滤策略，比如在电商网站上增加“寻找当前商品的替代品/互补品”的功能，将商品按照预测的互补和替代程度从高到低排列。亦或设计考虑集合内部产品关系的多样性推荐方法，随着用户决策阶段的推进，动态地调整推荐列表中的内容，比如可以逐渐增加互补品数量，并减少替代品数量。

本书介绍的考虑产品特征的个性化推荐有如下几方面特点。

（1）较为完整地从多个角度对推荐系统有更系统深入的认识。

在以往的对推荐系统的研究中，学者们或从技术视角研究对算法的改进，或从行为视角探索推荐系统对消费者、产品和平台带来的影响，缺乏从两个视角全面看问题的综合性研究，有一定的局限性。实际上，这两个问题相辅相成，实施不同的推荐算法会对消费者的行为产生影响，而深入理解这一影响机制也有助于调整推荐策略，以新的视角设计出更好的推荐算法。本书较为完整地讨论了两个视角，并且以行为研究的结论指导进一步技术研究的方向，在研究发现互补性推荐和替代性推荐有区别影响之后，设计方法以识别产品之间的关系属于互补还是替代，以新的视角扩展了推荐系统的研究边界。

（2）提出了衡量推荐系统中预测值的不确定性的两阶段方法。

任何一种预测方法都存在不确定性，对不确定性的建模量化是本书内容的一项重要环节。本书从推荐算法的计算过程入手，考虑数据的稀疏性造成的计算偏差，提出了度量协同过滤推荐算法中预测值不确定性的两个关键因素：后验概率分布信息，预测置信度。设计并验证了两阶段方法将这两个关键因素结合在一起，作为衡量不确定性的新的测度。

（3）将不确定性与预测过程有机结合，以新的视角设计更加准确的产品个性化推荐算法。

从算法开发角度，以往工作将关注点集中于设计更加复杂的算法来提高排序准确率，而本书从新的视角出发，在对产品进行个性化排序时综合考虑评分预测值和不确定性两个指标，介绍了一种后置处理的个性化排序方法，该方法可应用于任何一种协同过滤预测结果，在已有的推荐预测结果的基础上进一步提高了 Top - N 推荐和排序的准确率。该部分内容是对目前推荐算法设计相关研究的重要补充和丰富。

（4）结合消费者的决策过程，探究推荐系统作为情景因素时带来的影响。

在已有的关于推荐系统的行为影响的研究中，学者多关注推荐系统的存在与否如何影响消费者对被推荐产品的偏好的变化，而本书则是将推荐系统作为一种情境因素，探索推荐其他产品是否会影响消费者对主要考察产品的支付意愿。同时，本书还从消费者的决策过程出发，考虑其不同决策阶段的心理状态和购物目标，探究了推荐系统在不同阶段中所扮演的角色，丰富了消费者行为和推荐系统的相关理论。

（5）考虑非同质的推荐结果，检验了互补性和替代性推荐的不同作用。

我们从经济学相关理论出发，对推荐产品的类型进行细分，检验了两种不同类型的产品推荐（互补品与替代品）及其相关因素（即，产品价格）对消费者支付意愿带来的影响。用户实验结果发现，总体看来推荐互补型或替代型产品时的支付意愿并无明显差异，然而当考虑消费者所处的决策阶段后，发现在后期购买阶段时推荐互补品能够显著提高消费者对主要产品的支付意愿。这一结论表明消费者在不同购买阶段时偏好不同类型的推荐，同时也突出了时间因素在推荐系统中的重要性。结合其他学科（如营销学、经济学、心理学等）的相关理论，有助于深入了解消费者与推荐系统的互动过程，可以帮助电商平台以及零售商认识客户、洞察客户的行为模式，并了解推荐这一决策支持系统在电子商务活动中扮演的角色，基于此设计出更加有效的推荐策略。

（6）提出了基于在线评论的产品关系挖掘方法。

识别互补性和替代性的产品关系，是以提高用户支付意愿为目标而改进推荐策略的重要步骤。丰富的在线评论内容反映了消费者对产品特征的评价，本书第五章通过对产品对所包含评论文本的关系建模来刻画互补关系和替代关系，设计了以神经网络为基础的产品关系挖掘框架。其中该框架下的基本模型仅利用文本的话题关系模式，而多输入模型中还同时纳入了在线评论的非文本特征，进一步提高了关系识别的准确率。通过大量的比较实验，验证了该方法在关系挖掘的精度上优于现有的方法，并且发现在稀疏数据中非文本特征的预测作用进一步增强。

6.2 技术与行为视角下个性化推荐的未来趋势

作为个性化服务领域的一项关键技术，产品推荐是大数据时代下解决消费者信息过载问题的一种有效方法，本书从技术和行为两个视角介绍的个性化推荐的相关方法和行为影响是基于本书作者近年来在这方面的相关研究工作整理而形成的。随着信息技术的快速发展和消费者行为研究的不断深入，个性化推荐在未来有几方面的发展趋势。

首先，在改进个性化推荐和排序效果方面，可以考虑其他刻画不确定性的方法。目前的两阶段不确定性建模方法是基于以协同过滤为思想的推荐算法基础而提出的，当电商平台上采纳其他类型的推荐方法时，如基于内容的推荐、基于知识/规则的推荐等，可以结合具体算法的计算过程来改进不确定性的定义和测度。另外，从降低不确定性角度出发的个性化排序方法也需要进行相应的调整。

其次，可以进一步探究推荐系统中的其他可能影响消费者行为的因素，以及不同的因变量。目前本书讨论了所推荐产品的类型以及价格在影响用户支付意愿中的不同作用机制，但实际情况中当我们不再把推荐系统作为黑箱对待时，有许多具体的特征都可能会对用户的态度和行为产生影响，包括推荐中展示的产品图片、推荐摆放的位置、所推荐产品的评分数量和均值等。并且研究关注的因变量也可不再限于消费者的支付意愿，其他变量如用户满意度、转化率等都是商家所关注的重点。

此外，可以增加互补性和替代性产品关系的强度和方向性。传统推荐方法预测两个产品相关或不相关，而本书在此基础上进一步从文本语义建模的角度介绍了两个产品是如何相关的，即预测产品之间是互补性相关还是替代性相关。但局限性在于实际的互补替代关系可能是非对称的，同时不同产品之间的关系也可能具有程度高低的区分。因此，未来可以在评论信息之外考虑消费者的行为记录，以此识别产品关系的方向性和强度，进一步改善产品关系挖掘方法的效果。同时，在得到产品关系之后，也可以进一步设计多样性推荐算法，对互补和替代类的推荐进行合适的组合，在最大化消费者效用的同时，也通过影响用户的支付意愿来提高商家的利润。

最后，可以在“准确性”“多样性”之外的其他测度上进一步探究产品推荐的算法设计和行为影响，例如覆盖度、新颖性、鲁棒性、新奇度、稳定性等都是衡量推荐系统质量的不同维度。随着对用户体验的侧重，设计新的测度以体现用户在新维度上的需求将是未来的一个方向。此外，当关注的目标和测度改变时，对应的算法开发方法和利用的数据也相应的不同，在新目标下的推荐算法也可能给用户造成不同的感知和影响。因此，在未来的工作中也可以考虑从用户感知的角度来验证推荐系统新测度及算法的有效性。

总之，个性化产品推荐是解决电商平台上海量数据环境中消费者信息过载问题的有效技术，也是信息技术发展到今天的一个必需品。希望本书介绍的考虑产品特征的个性化推荐的方法和应用可以对管理决策过程中如何更好地改善消费者购物体验提供指导和帮助。

参考文献

[1] 商务部. 中国电子商务报告 [R]. 2017.

[2] 艾瑞咨询. 2016 年中国网络购物行业监测报告 - 现状趋势篇 [R]. 2016.

[3] 陈国青. 大数据的管理寓意 [J]. 管理学家：实践版，2014 (2)：36 - 41.

[4] 冯芷艳，郭迅华，曾大军，等. 大数据背景下商务管理研究若干前沿课题 [J]. 管理科学学报，2013，16 (1).

[5] 中国互联网络信息中心. 2015 年中国网络购物市场研究报告 [R]. 2015.

[6] Marshall M. Aggregate knowledge raises $5m from kleiner, on a roll [EB/OL]. (2006 - 12 - 10) [2017 - 02 - 15]. http://venturebeat.com/2006/12/10/aggregate - knowledge - raises - 5m - from - kleiner - on - a - roll/.

[7] Amatriain X, Basilico J. Netflix recommendations: beyond the 5 stars [EB/OL]. (2012 - 04 - 06) [2017 - 02 - 15]. http://techblog.netflix.com/2012/04/netflix - recommendations - beyond - 5 - stars.html.

[8] Zheng J, Wu X, Niu J, et al. Substitutes or complements: another step forward in recommendations [C]. Proceedings of the 10th ACM Conference on Electronic Commerce, 2009: 139 - 145.

[9] Trusov M, Ma L, Jamal Z. Crumbs of the cookie: User profiling in customer - base analysis and behavioral targeting [J]. Marketing

Science, 2016, 35 (3): 405 - 426.

[10] Atahan P, Sarkar S. Accelerated learning of user profiles [J]. Management Science, 2011, 57 (2): 215 - 239.

[11] Johar M, Mookerjee V, Sarkar S. Selling vs. profiling: Optimizing the offer set in web - based personalization [J]. Information Systems Research, 2014, 25 (2): 285 - 306.

[12] Hernando A, Bobadilla J, Ortega F, et al. Incorporating reliability measurements into the predictions of a recommender system [J]. Information Sciences, 2013, 218: 1 - 16.

[13] Jahrer M, Töscher A, Legenstein R. Combining predictions for accurate recommender systems [C]. Proceedings of the 16th ACM SIGKDD international conference on Knowledge discovery and data mining. ACM, 2010: 693 - 702.

[14] Huang Z, Zeng D D. Why does collaborative filtering work? transaction - based recommendation model validation and selection by analyzing bipartite random graphs [J]. INFORMS Journal on Computing, 2011, 23 (1): 138 - 152.

[15] Ho S Y, Bodoff D. The effects of web personalization on user attitude and behavior: an integration of the Elaboration Likelihood Model and Consumer Search Theory [J]. MIS Quarterly, 2014, 38 (2): 497 - 520.

[16] Herlocker J L, Konstan J A, Riedl J. Explaining collaborative filtering recommendations [C]. Proceedings of the 2000 ACM conference on Computer supported cooperative work. ACM, 2000: 241 - 250.

[17] Ho S Y, Bodoff D, Tam K Y. Timing of adaptive web personalization and its effects on online consumer behavior [J]. Infor-

mation Systems Research, 2011, 22 (3): 660 - 679.

[18] Resnick P, Iacovou N, Suchak M, et al. GroupLens: an open architecture for collaborative filtering of netnews [C]. Proceedings of the 1994 ACM conference on Computer supported cooperative work. ACM, 1994: 175 - 186.

[19] Hill W, Stead L, Rosenstein M, et al. Recommending and evaluating choices in a virtual community of use [C]. Proceedings of the SIGCHI conference on Human factors in computing systems. ACM, 1995: 194 - 201.

[20] Shardanand U, Maes P. Social information filtering: algorithms for automating "word of mouth" [C]. Proceedings of the SIGCHI conference on Human factors in computing systems. ACM, 1995: 210 - 217.

[21] Balabanović M, Shoham Y. Fab: content - based, collaborative recommendation [J]. Communications of the ACM, 1997, 40 (3): 66 - 72.

[22] Hofmann T. Collaborative filtering via gaussian probabilistic latent semantic analysis [C]. Proceed - ings of the 26th annual international ACM SIGIR conference on Research and development in informaion retrieval. ACM, 2003: 259 - 266.

[23] Koren Y, Bell R, Volinsky C. Matrix factorization techniques for recommender systems [J]. Computer, 2009, 42 (8): 30 - 37.

[24] Mooney R J, Roy L. Content - based book recommending using learning for text categorization [C]. Proceedings of the fifth ACM conference on Digital libraries. ACM, 2000: 195 - 204.

[25] Sarwar B, Karypis G, Konstan J, et al. Item - based collabora-

tive filtering recommendation algorithms [C]. Proceedings of the 10th international conference on World Wide Web. ACM, 2001: 285 - 295.

[26] Yang S H, Long B, Smola A J, et al. Collaborative competitive filtering: learning recommender using context of user choice [C]. Proceedings of the 34th international ACM SIGIR conference on Research and development in Information Retrieval. ACM, 2011: 295 - 304.

[27] Freund Y, Iyer R, Schapire R E, et al. An efficient boosting algorithm for combining preferences [J]. Journal of Machine Learning Research, 2003, 4: 933 - 969.

[28] Jin R, Si L, Zhai C. Preference - based graphic models for collaborative filtering [C]. Proceedings of the Nineteenth conference on Uncertainty in Artificial Intelligence. Morgan Kaufmann Publishers Inc., 2002: 329 - 336.

[29] Jin R, Si L, Zhai C, et al. Collaborative filtering with decoupled models for preferences and ratings [C]. Proceedings of the twelfth international conference on Information and knowledge management. ACM, 2003: 309 - 316.

[30] Koren Y. Factorization meets the neighborhood: a multifaceted collaborative filtering model [C]. Proceedings of the 14th ACM SIGKDD international conference on Knowledge discovery and data mining. ACM, 2008: 426 - 434.

[31] Deshpande M, Karypis G. Item - based top - n recommendation algorithms [J]. ACM Transactions on Information Systems, 2004, 22 (1): 143 - 177.

[32] Bennett J, Lanning S. The netflix prize [C]. Proceedings of

KDD cup and workshop, 2007: 35.

[33] Koren Y, Sill J. OrdRec: an ordinal model for predicting personalized item rating distributions [C]. Proceedings of the fifth ACM conference on Recommender systems. ACM, 2011: 117 - 124.

[34] Hu Y, Koren Y, Volinsky C. Collaborative filtering for implicit feedback datasets [C]. Eighth IEEE International Conference on Data Mining, 2008: 263 - 272.

[35] Yin H, Cui B, Li J, et al. Challenging the long tail recommendation [C]. Proceedings of the VLDB Endowment, 2012, 5 (9): 896 - 907.

[36] 刘鲁，任晓丽．推荐系统研究进展及展望 [J]．信息系统学报，2008 (1): 82 - 90.

[37] Shani G, Gunawardana A. Evaluating recommendation systems [J]. Recommender systems handbook. Springer, 2011: 257 - 297.

[38] McLaughlin M R, Herlocker J L. A collaborative filtering algorithm and evaluation metric that accurately model the user experience [C]. Proceedings of the 27th annual international ACM SIGIR conference on Research and development in information retrieval. ACM, 2004: 329 - 336.

[39] Bradley K, Smyth B. Improving recommendation diversity [C]. Proceedings of the Twelfth National Conference in Artificial Intelligence and Cognitive Science. Citeseer, 2001: 75 - 84.

[40] Hu R, Pu P. Enhancing recommendation diversity with organization interfaces [C]. Proceedings of the 16th international

conference on Intelligent user interfaces. ACM, 2011: 347 - 350.

[41] Smyth B, McClave P. Similarity vs. diversity. Case - Based Reasoning Research and Development [M]. Springer, 2001: 347 - 361.

[42] Zhang M, Hurley N. Avoiding monotony: improving the diversity of recommendation lists [C]. Proceedings of the 2008 ACM conference on Recommender systems. ACM, 2008: 123 - 130.

[43] Zhang M. Enhancing diversity in top - n recommendation [C]. Proceedings of the third ACM conference on Recommender systems. ACM, 2009: 397 - 400.

[44] Ziegler C N, McNee S M, Konstan J A, et al. Improving recommendation lists through topic diversification [C]. Proceedings of the 14th International Conference on World Wide Web. ACM, 2005: 22 - 32.

[45] Adomavicius G, Kwon Y. Improving aggregate recommendation diversity using ranking - based techniques [J]. IEEE Transactions on Knowledge and Data Engineering, 2012, 24 (5): 896 - 911.

[46] Brynjolfsson E, Hu Y, Simester D. Goodbye pareto principle, hello long tail: The effect of search costs on the concentration of product sales [J]. Management Science, 2011, 57 (8): 1373 - 1386.

[47] Fleder D, Hosanagar K. Blockbuster culture's next rise or fall: The impact of recommender systems on sales diversity [J]. Management Science, 2009, 55 (5): 697 - 712.

[48] Levy M, Bosteels K. Music recommendation and the long tail

[C]. 1st Workshop On Music Rec – ommendation And Discovery, ACM RecSys, 2010.

[49] Herrada O C. Music recommendation and discovery in the long tail [D]. Universitat Pompeu Fabra, 2008.

[50] Ge M, Delgado – Battenfeld C, Jannach D. Beyond accuracy: evaluating recommender systems by coverage and serendipity [C]. Proceedings of the Fourth ACM Conference on Recommender Systems. ACM, 2010: 257 – 260.

[51] Celma Ò, Herrera P. A new approach to evaluating novel recommendations [C]. Proceedings of the 2008 ACM conference on Recommender systems. ACM, 2008: 179 – 186.

[52] Jones N, Pu P. User technology adoption issues in recommender systems [C]. Proceedings of NAEC, ATSMA, 2007: 339 – 379.

[53] Santini S, Castells P. An evaluation of novelty and diversity based on fuzzy logic [C]. Workshop on Novelty and Diversity in Recommender Systems, 2011: 51.

[54] Zhang Y, Callan J, Minka T. Novelty and redundancy detection in adaptive filtering [C]. Proceedings of the 25th Annual International ACM SIGIR Conference on Research and Development in Information Retrieval. ACM, 2002: 81 – 88.

[55] Murakami T, Mori K, Orihara R. Metrics for evaluating the serendipity of recommendation lists [J]. New frontiers in artificial intelligence, 2008: 40 – 46.

[56] Mazurowski M A. Estimating confidence of individual rating predictions in collaborative filtering recommender systems [J]. Expert Systems with Applications, 2013, 40 (10):

3847 - 3857.

[57] McNee S M, Lam S K, Guetzlaff C, et al. Confidence displays and training in recommender systems [C]. Proc. INTER-ACT, 2003: 176 - 183.

[58] Swearingen K, Sinha R. Beyond algorithms: An HCI perspective on recommender systems [C]. ACM SIGIR 2001 Workshop on Recommender Systems, 2001: 1 - 11.

[59] Lee J S, Zhu D. Shilling attack detection - a new approach for a trustworthy recommender system [J]. INFORMS Journal on Computing, 2012, 24 (1): 117 - 131.

[60] Mobasher B, Burke R, Bhaumik R, et al. Toward trustworthy recommender systems: An analysis of attack models and algorithm robustness [J]. ACM Transactions on Internet Technology, 2007, 7 (4): 23.

[61] O' Mahony M, Hurley N, Kushmerick N, et al. Collaborative recommendation: A robustness analysis [J]. ACM Transactions on Internet Technology, 2004, 4 (4): 344 - 377.

[62] O' Mahony M P, Hurley N J, Silvestre G. Detecting noise in recommender system databases [C]. Proceedings of the 11th international conference on Intelligent user interfaces. ACM, 2006: 109 - 115.

[63] Konstan J A, Riedl J. Recommender systems: from algorithms to user experience [J]. User Modeling and User - adapted Interaction, 2012, 22 (1 - 2): 101 - 123.

[64] Guy I, Carmel D. Social recommender systems [C]. Proceedings of the 20th international confer - ence companion on World wide web. ACM, 2011: 283 - 284.

[65] Sha X, Quercia D, Michiardi P, et al. Spotting trends: the wisdom of the few [C]. Proceedings of the sixth ACM conference on Recommender systems. ACM, 2012: 51 - 58.

[66] Guy I, Zwerdling N, Ronen I, et al. Social media recommendation based on people and tags [C]. Proceedings of the 33rd international ACM SIGIR conference on Research and development in information retrieval. ACM, 2010: 194 - 201.

[67] Guy I, Ronen I, Wilcox E. Do you know? Recommending people to invite into your social network [C]. Proceedings of the 14th international conference on Intelligent user interfaces. ACM, 2009: 77 - 86.

[68] Chen W Y, Chu J C, Luan J, et al. Collaborative filtering for orkut communities: discovery of user latent behavior [C]. Proceedings of the 18th international conference on World wide web. ACM, 2009: 681 - 690.

[69] Ma H, Zhou T C, Lyu M R, et al. Improving recommender systems by incorporating social contextual information [J]. ACM Transactions on Information Systems, 2011, 29 (2): 9.

[70] Jiang M, Cui P, Liu R, et al. Social contextual recommendation [C]. Proceedings of the 21st ACM international conference on Information and knowledge management. ACM, 2012: 45 - 54.

[71] Mei T, Yang B, Hua X S, et al. VideoReach: an online video recommendation system [C]. Proceedings of the 30th annual international ACM SIGIR conference on Research and development in information retrieval. ACM, 2007: 767 - 768.

[72] Papadopoulos S, Kompatsiaris Y, Vakali A, et al. Community detection in social media: performance and application consider-

ations [J]. Data Mining and Knowledge Discovery, 2012, 24 (3): 515 - 554.

[73] Kempe D, Kleinberg J, Tardos É. Maximizing the spread of influence through a social network [C]. Proceedings of the ninth ACM SIGKDD international conference on Knowledge discovery and data mining. ACM, 2003: 137 - 146.

[74] Meng X, Wei F, Liu X, et al. Entity - centric topic - oriented opinion summarization in twitter [C]. Proceedings of the 18th ACM SIGKDD international conference on Knowledge discovery and data mining. ACM, 2012. 379 - 387.

[75] Adomavicius G, Tuzhilin A. Toward the next generation of recommender systems: A survey of the state - of - the - art and possible extensions [J]. IEEE Transactions on Knowledge and Data Engineering, 2005, 17 (6): 734 - 749.

[76] Huang Z, Zeng D D, Chen H. Analyzing consumer - product graphs: Empirical findings and applications in recommender systems [J]. Management Science, 2007, 53 (7): 1146 - 1164.

[77] Zhou T, Ren J, Medo M, et al. Bipartite network projection and personal recommendation [J]. Physical Review E, 2007, 76 (4): 46115.

[78] Li X, Chen H. Recommendation as link prediction in bipartite graphs: A graph kernel - based machine learning approach [J]. Decision Support Systems, 2013, 54 (2): 880 - 890.

[79] Mobasher B, Dai H, Luo T, et al. Effective personalization based on association rule discovery from web usage data [C]. Proceedings of the 3rd international workshop on Web informa-

tion and data management. ACM, 2001: 9 - 15.

[80] Yang Y, Liu H, Cai Y. Discovery of Online Shopping Patterns Across Websites [J]. INFORMS Journal on Computing, 2013, 25 (1): 161 - 176.

[81] Ghoshal A, Sarkar S. Association rules for recommendations with multiple items [J]. INFORMS Journal on Computing, 2014, 26 (3): 433 - 448.

[82] Stern D H, Herbrich R, Graepel T. Matchbox: large scale online bayesian recommendations [C]. Proceedings of the 18th international conference on World Wide Web. ACM, 2009: 111 - 120.

[83] Xiong L, Chen X, Huang T K, et al. Temporal Collaborative Filtering with Bayesian Probabilistic Tensor Factorization [C]. SAIM International Conference on Data Mining (SDM), 2010: 211 - 222.

[84] Liu N N, Zhao M, Xiang E, et al. Online evolutionary collaborative filtering [C]. Proceedings of the fourth ACM conference on Recommender systems. ACM, 2010: 95 - 102.

[85] Koenigstein N, Dror G, Koren Y. Yahoo! music recommendations: modeling music ratings with temporal dynamics and item taxonomy [C]. Proceedings of the fifth ACM conference on Recommender systems. ACM, 2011: 165 - 172.

[86] Huang Z, Chen H, Zeng D. Applying associative retrieval techniques to alleviate the sparsity problem in collaborative filtering [J]. ACM Transactions on Information Systems, 2004, 22 (1): 116 - 142.

[87] Sarwar B, Sarwar B, Karypis G, et al. Application of dimen-

sionality reduction in recommender systems – a case study [R]. No. TR – 00 – 043. Minnesota Univ Minneapolis Dept of Computer Science, 2000.

[88] Jiang B, Zhang X, Cai T. Estimating the confidence interval for prediction errors of support vector Machine Classifiers [J]. Journal of Machine Learning Research, 2008, 9 (3): 521 – 540.

[89] Xiao B, Benbasat I. E – commerce product recommendation agents: use, characteristics, and impact [J]. MIS Quarterly, 2007, 31 (1): 137 – 209.

[90] McMahan H B, Holt G, Sculley D, et al. Ad click prediction: a view from the trenches [C]. Proceedings of the 19th ACM SIGKDD international conference on Knowledge discovery and data mining, 2013: 1222 – 1230.

[91] Goldberg K, Roeder T, Gupta D, et al. Eigentaste : A Constant Time Collaborative Filtering Algorithm [J]. Information Retrieval, 2000, 4 (2): 133 – 151.

[92] Salakhutdinov R, Mnih A. Probabilistic matrix factorization [C]. Proc. Advances in Neural Information Processing Systems 20 (NIPS 07), 2007: 1257 – 1264.

[93] Salakhutdinov R, Mnih A. Bayesian probabilistic matrix factorization using Markov chain Monte Carlo [C]. Proceedings of the 25th International Conference on Machine Learning, 2008: 880 – 887.

[94] Chen W, Hsu W, Lee M L. Tagcloud – based explanation with feedback for recommender systems [C]. Proceedings of the 36th international ACM SIGIR conference, 2013: 945 – 948.

[95] Hernando A, Bobadilla J, Ortega F, et al. Trees for explaining recommendations made through collaborative filtering [J]. Information Sciences, 2013, 239: 1 - 17.

[96] Tintarev N, Masthoff J. Effective Explanations of Recommendations: User - Centered Design [C]. Proceedings of the 2007 ACM conference on Recommender systems, 2007: 153 - 156.

[97] Adomavicius G, Zhang J. Impact of data characteristics on recommender systems performance [J]. ACM Transactions on Management Information Systems (TMIS), 2012, 3 (1): 3.

[98] Adomavicius G, Kamireddy S, Kwon Y. Towards more confident recommendations: Improving recommender systems using filtering approach based on rating variance [C]. Proc. of the 17th Workshop on Information Technology and Systems, 2007.

[99] Adomavicius G, Kwon Y. Optimization - based approaches for maximizing aggregate recom - mendation diversity [J]. INFORMS Journal on Computing, 2014, 26 (2): 351 - 369.

[100] Shocker A, Bayus B, Kim N. Product complements and substitutes in the real world: the relevance of " other products" [J]. Journal of Marketing, 2004, 68 (1): 28 - 40.

[101] Russell G J, Ratneshwar S, Shocker A D, et al. Multiple - Category Decision - Making: Review and Synthesis [J]. Marketing Letters, 1999, 10 (3): 319 - 332.

[102] Payne J W, Bettman J R, Johnson E J. Behavioral decision research: a constructive processing perspective [J]. Annual Reviews of Pyschology, 1992, 43 (1): 87 - 131.

[103] Mulhern F J, Leone R P. Implicit price bundling of retail products: a multiproduct approach to maximizing store profit-

ability [J]. Journal of Marketing, 1991, 55 (4): 63 -76.

[104] Venkatesh R, Kamakura W. Optimal bundling and pricing under a monopoly: contrasting complements and substitutes from independently valued products [J]. The Journal of Business, 2003, 76 (2): 211 - 231.

[105] Harlam B A, Krishna A, Lehmann D R, et al. Impact of bundle type, price framing and familiarity on purchase intention for the bundle [J]. Journal of Business Research, 1995, 33 (1): 57 - 66.

[106] Subramaniam R, Venkatesh R. Optimal Bundling Strategies in Multiobject Auctions of Com - plements or Substitutes [J]. Marketing Science, 2009, 28 (2): 264 - 273.

[107] Garfinkel R, Gopal R, Tripathi A, et al. Design of a shopbot and recommender system for bundle purchases [J]. Decision Support Systems, 2006, 42 (3): 1974 - 1986.

[108] Zhu T, Harrington P, Li J, et al. Bundle recommendation in ecommerce [C]. Proceedings of the 37th international ACM SIGIR conference on Research & development in information retrieval - SIGIR ' 14, 2014: 657 - 666.

[109] Oestreicher - Singer G, Sundararajan A. Recommendation networks and the long tail of electronic commerce [J]. MIS Quarterly, 2012, 36 (1): 65 - 83.

[110] Dhar V, Geva T, Oestreicher - singer G, et al. Prediction in economic networks [J]. Information Systems Research, 2014, 25 (2): 264 - 284.

[111] Lin Z, Goh K Y, Heng C S. The demand effects of product

recommendation networks: an empirical analysis of network diversity and stability [J] . Management Information Systems Quarterly (MIS Quaterly), 2016.

[112] Zhang M, Bockstedt J. Complements and substitutes in product recommendations: The dif - ferential effects on consumers' willingness - to - pay [C] . Joint Workshop on Interfaces and Human Decision Making for Recommender Systems, 2016: 36 - 43.

[113] Jin R K x. Leveraging bidder behavior to identify categories of substitutable and complementary goods on ebay [D] . Harvard University, 2006.

[114] Wei Q, Qiao D, Zhang J, et al. A Novel Bipartite Graph Based Competitiveness Degree Analysis from Query Logs [J] . ACM Transactions on Knowledge Discovery from Data, 2016, 11 (2): 21.

[115] Kwark Y, Lee G M, Pavlou P A, et al. On the spillover effects of online product reviews on purchases: evidence from clickstream data [EB/OL] . (2016 - 09 - 14) [2018 - 03 - 12] . https: //papers. ssrn. com/sol3/papers. cfm? abstract_ id = 2838410.

[116] McAuley J, Pandey R, Leskovec J. Inferring networks of substitutable and complementary products [C] . Proceedings of the 21th ACM SIGKDD International Conference on Knowledge Discovery and Data Mining, 2015.

[117] Benlian A, Tita R, Hess T. Differential Effects of Provider Recommendations and Consumer Reviews in ECommerce Transactions [J] . Journal of Management Information Sys-

tems, 2012, 29 (1): 237 - 272.

[118] Hosanagar K, Fleder D, Lee D, et al. Will the global village fracture into tribes? Recommender systems and their effects on consumer fragmentation [J]. Management Science, 2014, 60 (4): 805 - 823.

[119] Adomavicius G, Bockstedt J C, Curley S P, et al. Do recommender systems manipulate consumer preferences? A study of anchoring effects [J]. Information Systems Research, 2013, 24 (4): 956 - 975.

[120] Xu J D, Benbasat I, Cenfetelli R T. The nature and consequences of trade - off transparency in the context of recommendation agents [J]. Management Information Systems Quarterly (MIS Quarterly), 2014, 38 (2): 379 - 406.

[121] Sahoo N, Krishnan R, Duncan G, et al. Research Note—The Halo Effect in Multicompo - nent Ratings and Its Implications for Recommender Systems: The Case of Yahoo! Movies [J]. Information Systems Research, 2012, 23 (1): 231 - 246.

[122] Oestreicher - Singer G, Sundararajan A. The visible hand? Demand effects of recommendation networks in electronic markets [J]. Management Science, 2012, 58 (11): 1963 - 1981.

[123] Sun M. How does the variance of product ratings matter? [J]. Management Science, 2012, 58 (4): 696 - 707.

[124] Jabr W, Zheng E. Know Yourself and Know Your Enemy: An Analysis of Firm Recom - mendations and Consumer Reviews in a Competitive Environment [J]. MIS Quarterly, 2014, 38 (3): 635 - 654.

[125] Pathak B, Garfinkel R, Gopal R D, et al. Empirical Analysis of the Impact of Recommender Systems on Sales [J]. Journal of Management Information Systems, 2010, 27 (2): 159 - 188.

[126] Liu X, Aberer K. Towards a dynamic top - N recommendation framework [C]. Proceedings of the 8th ACM Conference on Recommender systems. ACM, 2014: 217 - 224.

[127] Cremonesi P, Koren Y, Turrin R. Performance of recommender algorithms on top - n recom - mendation tasks [C]. Proceedings of the fourth ACM conference on Recommender systems. ACM, 2010: 39 - 46.

[128] Yang X, Guo Y, Liu Y, et al. A survey of collaborative filtering based social recommender systems [J]. Computer Communications, 2014, 41: 1 - 10.

[129] Ghose A, Ipeirotis P G, Li B. Examining the impact of ranking on consumer behavior and search engine revenue [J]. Management Science, 2014, 60 (7): 1632 - 1654.

[130] Wang J, Robertson S, Vries A P, et al. Probabilistic relevance ranking for collaborative filtering [J]. Information Retrieval, 2008, 11 (6): 477 - 497.

[131] Hu Y C. Recommendation using neighborhood methods with preference - relation - based similarity [J]. Information Sciences, 2014, 284: 18 - 30.

[132] Shmueli G, et al. To explain or to predict? [J]. Statistical science, 2010, 25 (3): 289 - 310.

[133] Gunawardana A, Shani G. Evaluating recommender systems [J]. Recommender Systems Handbook. Springer, 2015:

265 - 308.

[134] Wang H, Guo X, Zhang M, et al. Predicting the Incremental Benefits of Online Information Search for Heterogeneous Consumers [J]. Decision Sciences, 2016, 47 (5): 957 - 988.

[135] Adomavicius G, Bockstedt J C, Curley S P, et al. Effects of online recommendations on consumers' willingness to pay [J]. Information Systems Research, 2017.

[136] Rao A R, Sieben W A. The effect of prior knowledge on price acceptability and the type of information examined [J]. Journal of Consumer Research, 1992, 19 (2): 256 - 270.

[137] Haubl G, Trifts V. Consumer decision making in online shopping environments: The effects of interactive decision aids [J]. Marketing Science, 2000, 19 (1): 4 - 21.

[138] Rajendran K N, Tellis G J. Contextual and temporal components of reference price [J]. Journal of Marketing, 1994, 58 (1): 22 - 34.

[139] Nunes J C, Boatwright P. Incidental prices and their effect on willingness to pay [J]. Journal of Marketing Research, 2004, 41 (4): 457 - 466.

[140] Sherif M, Hovland C I. Social judgment: Assimilation and contrast effects in communication and attitude change [M]. Oxford, England: Yale Univer. Press, 1961.

[141] Jin R K X, Parkes D C, Wolfe P J. Analysis of bidding networks in eBay: Aggregate preference identification through community detection [C]. AAAI Workshop - Technical Report, 2007, WS-07-09: 66 - 73.

[142] Loomis J, Gonzalez – Caban A, Gregory R. Do reminders of substitutes influence contingent valuation estimates? [J]. Land Economics, 1994, 70 (4): 499 – 506.

[143] Liu Q, Arora N. Efficient choice designs for a consider – then – choose model [J]. Marketing Science, 2011, 30 (2): 321 – 338.

[144] Russo J E, Leclerc F. An eye – fixation analysis of choice processes for consumer nondurables [J]. Journal of Consumer Research, 1994, 21: 274 – 290.

[145] Ge X, Häubl G, Elrod T. What to say when: influencing consumer choice by delaying the presentation of favorable information [J]. Journal of Consumer Research, 2012, 38 (6): 1004 – 1021.

[146] Lee L, Ariely D. Shopping goals, goal concreteness, and conditional promotions [J]. Journal of Consumer Research, 2006, 33: 60 – 71.

[147] Liberman N, Trope Y, Wakslak C. Construal level theory and consumer behavior [J]. Journal of Consumer Psychology, 2007, 17 (2): 113 – 117.

[148] Cohen J. Statistical power analysis for the behavior science [M]. Lawrance Eribaum Association, 1988.

[149] Baruch Y, Holtom B C. Survey response rate levels and trends in organizational research [J]. Human Relations, 2008, 61 (8): 1139 – 1160.

[150] Rucker D, Galinsky A. Desire to acquire: powerlessness and compensatory consumption [J]. Journal of Consumer Research, 2008, 35 (2): 257 – 267.

[151] Rucker D D, Hu M, Galinsky A D. The experience versus the expectations of power: a recipe for altering the effects of power on behavior [J]. Journal of Consumer Research, 2014, 41: 381 - 396.

[152] Kim S, Gal D. From compensatory consumption to adaptive consumption: the role of self - acceptance in resolving self - deficits [J]. Journal of Consumer Research, 2014, 41: 526 - 542.

[153] Breidert C, Hahsler M, Reutterer T. A Review of Methods for Measuring Willingness - to - pay [J]. Innovative Marketing, 2006: 1 - 32.

[154] Donaldson C, Jones A M, Mapp T J, et al. Limited dependent variables in willingness to pay studies: applications in health care [J]. Applied Economics, 1998, 30 (5): 667 - 677.

[155] Moe W W. An empirical two - stage choice model with varying decision rules applied to internet clickstream data [J]. Journal of Marketing Research, 2006, 43 (4): 680 - 692.

[156] Zhao W X, Wang J, He Y, et al. Mining product adopter information from online reviews for improving product recommendation [J]. ACM Transactions on Knowledge Discovery from Data, 2016, 10 (3): 1 - 23.

[157] Rui W, Xing K, Jia Y. Bowl: Bag of word clusters text representation using word embeddings [C]. International Conference on Knowledge Science Engineering and Management. Springer, 2016: 3 - 14.

[158] Chowdhury G. Introduction to modern information retrieval [M]. Facet Publishing, 2010.

[159] Yu D, Deng L. Deep learning and its applications to signal and information processing [J]. IEEE Signal Processing Magazine, 2011, 28 (1): 145 - 154.

[160] Hinton G E, Salakhutdinov R R. Reducing the dimensionality of data with neural networks [J]. Science, 2006, 313 (5786): 504 - 507.

[161] Salakhutdinov R, Hinton G. Semantic hashing [J]. International Journal of Approximate Reasoning, 2009, 50 (7): 969 - 978.

[162] Bengio Y, Ducharme R, Vincent P, et al. A neural probabilistic language model [J]. Journal of Machine Learning Research, 2003, 3: 1137 - 1155.

[163] Blei D M, Ng A Y, Jordan M I. Latent dirichlet allocation [J]. Journal of Machine Learning Research, 2003, 3: 993 - 1022.

[164] Deerwester S, Dumais S T, Furnas G W, et al. Indexing by latent semantic analysis [J]. Journal of the American Society for Information Science, 1990, 41 (6): 391.

[165] Hofmann T. Probabilistic latent semantic indexing [C]. Proceedings of the 22nd Annual International ACM SIGIR Conference on Research and Development in Information Retrieval. ACM, 1999: 50 - 57.

[166] Jin O, Liu N N, Zhao K, et al. Transferring topical knowledge from auxiliary long texts for short text clustering [C]. Proceedings of the 20th ACM International Conference on Information and knowledge Management. ACM, 2011: 775 - 784.

[167] Ramage D, Dumais S T, Liebling D J. Characterizing microb-

logs with topic models [C]. Proceedings of the 4th International Conference on Weblogs Social Media, 2010 (10): 1.

[168] Krizhevsky A, Sutskever I, Hinton G E. Imagenet classification with deep convolutional neural networks [J]. Advances in neural information processing systems, 2012: 1097 - 1105.

[169] Duchi J, Hazan E, Singer Y. Adaptive subgradient methods for online learning and stochastic optimization [J]. Journal of Machine Learning Research, 2011, 12: 2121 - 2159.

[170] Kingma D P, Ba J L. Adam: A method for stochastic optimization [C]. International Conference on Learning Representations, 2015: 1 - 15.

[171] Goes P B, Lin M, Yeung C m A. "Popularity effect" in user - generated content: evidence from online product reviews [J]. Information Systems Research, 2014, 25 (2): 222 - 238.

[172] Zhu F, Zhang X. Impact of online consumer reviews on sales: the moderating role of product and consumer characteristics [J]. Journal of Marketing, 2010, 74 (2): 133 - 148.

[173] King I, Lyu M R, Ma H. Introduction to social recommendation [C]. Proceedings of the 19th international conference on World wide web, 2010: 1355 - 1356.

[174] Golbeck J, Hendler J. Filmtrust: Movie recommendations using trust in web - based social networks [C]. Proceedings of the IEEE Consumer communications and networking conference, 2006, 96.

[175] Massa P, Avesani P. Trust - aware recommender systems [C]. Proceedings of the 2007 ACM conference on Recom-

mender systems, 2007: 17 – 24.

[176] Victor P, Cornelis C, De Cock M, Teredesai A. A comparative analysis of trust – enhanced recommenders for controversial items [C]. International Conference on Web and Social Media, 2009.

[177] Jamali M, Ester M. Trustwalker: a random walk model for combining trust – based and item – based recommendation [C]. Proceedings of the 15th ACM SIGKDD international conference on Knowledge discovery and data mining, 2009: 397 – 406.

[178] Jamali M, Ester M. Using a trust network to improve top – n recommendation [C]. Proceedings of the third ACM conference on Recommender systems, 2009: 181 – 188.

[179] Yang X, Guo Y, Liu Y. Bayesian – inference – based recommendation in online social networks [J]. IEEE Transactions on Parallel and Distributed Systems, 2013, 24 (4): 642 – 651.

[180] Li Y M, Wu C T, Lai C Y. A social recommender mechanism for e – commerce: Combining similarity, trust, and relationship [J]. Decision Support Systems, 2013, 55 (3): 740 – 752.

[181] Tang J, Hu X, Liu H. Social recommendation: a review [J]. Social Network Analysis and Mining, 2013, 3 (4): 1113 – 1133.

[182] Ma H, Yang H, Lyu M R, King I. Sorec: social recommendation using probabilistic matrix factorization [C]. Proceedings of the 17th ACM conference on Information and knowledge management, 2008: 931 – 940.

[183] Tang J, Hu X, Gao H, Liu H. Exploiting local and global social context for recommendation [C]. Proceedings of the Twenty - Third international joint conference on Artificial Intelligence, 2013: 2712 - 2718.

[184] Ma H, King I, Lyu M R. Learning to recommend with social trust ensemble [C]. Proceedings of the 32nd international ACM SIGIR conference on Research and development in information retrieval, 2009: 203 - 210.

[185] Tang J, Gao H, Liu H. Mtrust: discerning multi - faceted trust in a connected world [C]. Proceedings of the fifth ACM international conference on Web search and data mining, 2012: 93 - 102.

[186] Jamali M, Ester M. A matrix factorization technique with trust propagation for recommendation in social networks [C]. Proceedings of the fourth ACM conference on Recommender systems, 2010: 135 - 142.

[187] Ma H, Zhou D, Liu C, Lyu M R, King I. Recommender systems with social regularization [C]. Proceedings of the fourth ACM international conference on Web search and data mining, 2011: 287 - 296.

[188] Yang X, Steck H, Guo Y, Liu Y. On top - k recommendation using social networks [C]. Proceedings of the sixth ACM conference on Recommender systems, 2012: 67 - 74.

[189] Yang X, Steck H, Liu Y. Circle - based recommendation in online social networks [C]. In: Proceedings of the 18th ACM SIGKDD international conference on Knowledge discovery and data mining, 2012: 1267 - 1275.

[190] Yu L, Pan R, Li Z. Adaptive social similarities for recommender systems [C]. Proceedings of the fifth ACM conference on Recommender systems, 2011: 257 -260.

[191] Sigurbjrnsson B, Van Zwol R. Flickr tag recommendation based on collective knowledge [C]. Proceedings of the 17th international conference on World Wide Web, 2008: 327 -336.

[192] Chen J, Geyer W, Dugan C, et al. Make new friends, but keep the old: recommending people on social networking sites [C]. Proceedings of the SIGCHI Conference on Human Factors in Computing Systems, 2009: 201 -210.

[193] Agarwal V, Bharadwaj K. A collaborative filtering framework for friends recommendation in social networks based on interaction intensity and adaptive user similarity [J]. Social Network Analysis and Mining, 2013, 3 (3): 359 -379.

[194] Wang B, Wang C, Bu J, Chen C, et al. Whom to mention: expand the diffusion of tweets by @ recommendation on micro -blogging systems [C]. Proceedings of the 22nd international conference on World Wide Web, 2013: 1331 -1340.

[195] Zhang W, Wang J, Feng W. Combining latent factor model with location features for event -based group recommendation [C]. Proceedings of the 19th ACM SIGKDD international conference on Knowledge discovery and data mining, 2013: 910 -918.